Pilgerwege ins „Heilige Land"

Ulrich Fellmeth / Ulrich Mell (Hrsg.)

Pilgerwege ins „Heilige Land"
Beiträge zur Religionsgeografie der Alten Kirche

PETER LANG
Frankfurt am Main · Berlin · Bern · Bruxelles · New York · Oxford · Wien

Bibliografische Information der Deutschen Nationalbibliothek
Die Deutsche Nationalbibliothek verzeichnet diese Publikation
in der Deutschen Nationalbibliografie; detaillierte bibliografische
Daten sind im Internet über http://dnb.d-nb.de abrufbar.

Umschlagabbildung:
Ausschnitt aus der „Tabula Peutingeriana"
in der Bearbeitung von Konrad Miller,
Ravensburg 1888.

ISBN 978-3-631-60025-2
© Peter Lang GmbH
Internationaler Verlag der Wissenschaften
Frankfurt am Main 2012
Alle Rechte vorbehalten.

Das Werk einschließlich aller seiner Teile ist urheberrechtlich
geschützt. Jede Verwertung außerhalb der engen Grenzen des
Urheberrechtsgesetzes ist ohne Zustimmung des Verlages
unzulässig und strafbar. Das gilt insbesondere für
Vervielfältigungen, Übersetzungen, Mikroverfilmungen und die
Einspeicherung und Verarbeitung in elektronischen Systemen.

www.peterlang.de

Vorwort

Am 26. Mai 2009 fand in der Aula der Universität Hohenheim (Stuttgart) ein interdisziplinäres Symposium zum Thema »Frühchristliche Pilgerwege ins Heilige Land« statt. Eingeladen hatte das Institut für Kulturwissenschaften der Wirtschafts- und Sozialwissenschaftlichen Fakultät und gekommen waren Referentinnen und Referenten aus den Forschungsbereichen der Klassischen Philologie, der Historischen Geografie und der Archäologie der Antike, aber auch aus den Fächern christlicher Theologie, dem Neuen Testament und der Kirchengeschichte (Alte Kirche). Ein Vortrag beschäftigte sich mit der aktuellen Situation der evangelischen Pilgermission in Jerusalem.

Der thematische Schwerpunkt des Symposions lag auf der Präsentation und Untersuchung der Anfänge der christlichen privaten Wallfahrt nach Palästina. In der Antike gab es zwar eine rege antike Pilgertradition, etwa Pilgerreisen zu heiligen Tempelstätten zur Konsultation von Heilgöttern und Orakeln und die jüdische Sitte, zu einer lebenszeitlichen Wallfahrt zum Jerusalemer Tempel aufzubrechen, der frühen Christenheit aber war die Pilgerreise zu heiligen Stätten so gut wie unbekannt. Erst zu Zeiten des römischen Kaisers Constantin I. (306–337 n.Chr.) und dann verstärkt am Ende des vierten Jahrhunderts begann man öfter eine christliche Pilgerreise zu biblischen wie außerbiblisch bekannten Gedenkorten auszurichten.

Über diese ersten Pilgerfahrten wohlhabender gebildeter Christen aus dem europäischen Westen zu Zielen des christlich-jüdischen Orients, über ihre Dauer, ihren Reiseverlauf und ihre Ziele, geben sog. ›Pilgerberichte‹ Auskunft. Ziel des Symposions war es darum, das Wissen um diese Pioniere christlicher Pilgerschaft aufzubereiten, um anschließend in die besonderen geschichtlichen wie politischen, aber auch religiösen Rahmenbedingungen dieser Pilgerreisen einzuführen. Dabei sollte gefragt werden, welche theologischen Veränderungen im jungen Christentum die Reise zu christlichen Memorialstätten wichtig werden ließ und welche Folgen der einsetzende christliche ›Pilgertourismus‹ für die wirtschaftliche wie kulturelle Entwicklung der Levante hatte.

Das aktiv mitdiskutierende Auditorium und die beteiligten Referenten äußerten noch am selben Tag das Bedürfnis, das auf dem Symposium Vorgetragene möge doch publiziert und damit einer breiteren Öffentlichkeit zugänglich gemacht werden. Die Veranstalter nahmen sich diesem Anliegen an, konnten aber bedauerlicherweise nicht jeden Veröffentlichungswunsch realisieren.

Trotzdem können die in diesem Band versammelten Beiträge wichtige und neue Aspekte des Themas vorstellen: Nach einer geschichtlichen Untersuchung, die Pilgerreisen unter dem Motiv der Stärkung christlicher Frömmigkeit betrachtet, versucht ein archäologischer Beitrag am Beispiel der Pilgerfahrt der sog. ›Egeria‹ zu klären, welche Memorialbauten Ende des vierten Jahrhunderts in Palästina bereits vorhanden waren und besichtigt werden konnten. Dazu gestellt ist eine Erörterung, die Absicht und Ziele der ›Religions- und Baupolitik‹ des römischen Kaisers Constantin beleuchtet. Die verkehrlichen Bedingungen des Reisens überhaupt und die kartografischen Hilfsmittel zur Reiseplanung werden in einem historisch-geografischen Artikel mit bekannten Reiseberichten aus dem vierten Jahrhundert verglichen. Die Entwicklung innerhalb des Christentums zu einem dinglichen Heiligkeitsbegriff, der die religiöse Voraussetzung für christliche Pilgerschaft zu heiligen Stätten überhaupt bildet, thematisiert eine neutestamentliche Untersuchung. Und schließlich erinnert ein abschließendes Papier über die zeitgleich in der jüdischen Geschwisterreligion geübte Praxis, Wallfahrten mit liturgisch begangenen Festzeiten zu verbinden.

Bei der Erstellung dieses Themabandes zu den frühchristlichen Pilgerwegen ins Heilige Land haben die Herausgeber Frau WALTRAUD KLOCKE für ihre Unterstützung beim Korrekturlesen zu danken. Frau KATHRIN QUAST gilt Dank für ihre Mitarbeit bei der das Symposium begleitenden Ausstellung. Besonderer Dank gilt dem (bis 2011 existierenden) Institut für Kulturwissenschaften der Universität Hohenheim für seinen großzügigen Beitrag zur Finanzierung des Symposions wie dieses Aufsatzbandes. In besonderer Weise jedoch haben wir den Autorinnen und Autoren für ihre Mitarbeit und nicht zuletzt dem Verlag Peter Lang für die geduldige und unkomplizierte Zusammenarbeit bei der Veröffentlichung Dank zu sagen.

Hohenheim im Februar 2012 *Ulrich Fellmeth / Ulrich Mell*

Inhalt

Abkürzungsverzeichnis 9

Abbildungen und Tabellen 11

Marion Giebel
»Am gleichen Tag, am gleichen Ort« (P. Eger. 39,5) –
eine Pilgerin des vierten Jahrhunderts erlebt die heiligen Stätten 13

Hanswulf Bloedhorn
Egerias Reisen im Heiligen Land –
eine christliche Pilgerin auf jüdischen Spuren 23

Ulrich Fellmeth
Anmerkungen zur Religions- und Kirchbaupolitik Kaiser Constantins 37

Ulrich Fellmeth
Die frühchristlichen Pilgerberichte
und die historisch-geografische Realität 47

Ulrich Mell
Von elitärer zu öffentlicher Heiligkeit –
Beobachtungen zu einem frühchristlichen Paradigmenwechsel 69

Oliver Dyma
Die Wallfahrt zum Jerusalemer Tempel in seiner Spätphase 99

Register 121
Stellenregister (in Auswahl) 121
Personen- und Sachregister (in Auswahl) 123

Abbildungsnachweis 125

Autorenverzeichnis 127

Abkürzungsverzeichnis

Die Abkürzungen für biblische, jüdische und urchristliche Schriften richten sich in der Regel nach dem Verzeichnis Abkürzungen Theologie und Religionswissenschaften nach RGG⁴, herausgegeben von der Redaktion der RGG⁴, Tübingen 2007. Die Abkürzungen für Autoren und Werktitel der antiken Welt richten sich, wenn möglich, nach: Der Neue Pauly. Enzyklopädie der Antike Bd. I, 1996, S. XXXIX–XLVII. Die sonstigen bibliografischen Abkürzungen richten sich nach S.M. SCHWERTNER, IATG². Internationales Abkürzungsverzeichnis für Theologie und Grenzgebiete, Berlin/New York ²1992.

Abbildungen und Tabellen

Abbildung 1:
Constantinische Kirchenstiftungen nach Diözesen geordnet 43

Abbildung 2:
Ausschnitt aus dem *Itinerarium provinciarium Antonini Augusti* 52

Abbildung 3:
Das ›Heilige Land‹, Ausschnitt aus der *Tabula Peutingeriana* 55

Abbildung 4:
Die Strecke des *Pilgers von Bordeaux* von *Narbo* nach *Arelate*
auf der *Tabula Peutingeriana* 59

Abbildung 5:
Die Strecke des *Pilgers von Bordeaux* von *Laodicia* nach *Tyros*
auf der *Tabula Peutingeriana* 60

Abbildung 6:
Die Strecke des *Pilgers von Bordeaux* im ›Heiligen Land‹
auf der *Tabula Peutingeriana* abgetragen 61

Abbildung 7:
Die Pilgerreisen der *Egeria* im ›Heiligen Land‹
auf der *Tabula Peutingeriana* 62

Abbildung 8:
Der Abstecher der *Egeria* ins Zweistromland –
auf der *Tabula Peutingeriana* 63

Abbildung 9:
Die Pilgerreisen der *Paula* im ›Heiligen Land‹
und Ägypten auf der *Tabula Peutingeriana* 65

Abbildung 10:
Eine Karte, die die archäologisch erschlossenen Verkehrsverbindungen
im ›Heiligen Land‹ in der Spätantike darstellt;
eingetragen sind die Pilgerreisen des *Pilgers von Bordeaux*,
der *Egeria* und der *Paula* 67

Abbildung 11:
Grundriss der Hauskirche von Dura-Europos ca. 240–256 n.Chr 92

Tabelle 1:
Die Angaben des *Pilgers von Bordeaux* zu den zurückgelegten
Entfernungen auf seiner Pilgerreise (Reisezeit 10 Monate = 300 Tage) 58

Tabelle 2:
Die Schreibung von Ortsnamen in den Reichsitinerarien
und in den Berichten des *Pilgers von Bordeaux* und der Dame *Egeria* 64

Marion Giebel

»Am gleichen Tag, am gleichen Ort« (P. Eger. 39,5) –

eine Pilgerin des vierten Jahrhunderts erlebt die heiligen Stätten

Wie es einer Altphilologin zukommt, soll am Beginn dieses Beitrages eine kurze Begriffsklärung stehen:[1] Die Wallfahrt nach Palästina ist Teil der allgemeinen christlichen Bewegung der *peregrinatio ad loca sancta*. Das lateinische Wort *peregrinatio* lässt sich zurückführen auf das Adjektiv *peregrinus* und dieses ist zusammengesetzt aus *per-egre/per-ager*. Was auf Deutsch etwa bedeutet: »der über Land geht, außerhalb der Stadt oder Ortschaft, die der Lebensmittelpunkt ist«. Die adverbiale Formulierung: *per-egre esse*, etwa: »in der Fremde, im Ausland sein«, gebrauchten schon Plautus und Terenz (um 200/150 v.Chr.). *Peregrinor* heißt entsprechend: »als Fremder sich aufhalten, auf Reisen sein«.

Die christliche Pilgerbewegung hatte zunächst Rom als Ziel, mit den Grabstätten der Apostel Petrus und Paulus und anderer Märtyrer, die man schon zu Zeiten der Verfolgung aufsuchte, also eine, wenn auch eingeschränkte Bewegung schon vor der so genannten Constantin'schen Wende. Dann besuchte man die von Constantin begründeten Bauten der frühen Peterskirche auf dem Vatikan und Sankt Paul vor den Mauern. Es gab regelrechte Pilgerwege, auf der Via Aurelia zum Vatikan, auf der Via Ostiensis zu St. Paul, und auf der Via Appia zu den Callistus-Katakomben, wo seit Papst Damasus I. (366–384 n.Chr.) die Märtyrer verehrt wurden, die er dort hatte bestatten lassen. Der christliche Schriftsteller Prudentius kam um 400 n.Chr. aus Spanien nach Rom und schildert die Festfeier der Apostelfürsten am 29. Juni, zu der Gläubige von überallher zusammenströmen. Die Märtyrergedenktage werden zu großen, gemeinschaftsstiftenden Festen, die die heidnischen Jahresfeiertage ablösen. Rom wandelt sich vom heidnischen zum christlichen *caput mundi*, ja auch zur christlichen »ewigen Stadt«[2].

Auf dem Konzil von Nizäa 325 n.Chr. hatte Constantin seinen Wunsch bekräftigt, auch im Geburtsland des Glaubens Gedenkkirchen zu errichten. Jerusalem war mitsamt dem Tempel nach dem Krieg gegen die Römermacht im

---

[1] Dazu vgl. K.E. GEORGES, Ausführliches Lateinisch-deutsches Handwörterbuch 2. Bd., Hannover/Leipzig ⁹1951 (Nachdr. Graz) z.St.
[2] Vgl. Tibull 2,5,23.

Jahr 70 n.Chr. zerstört und von Kaiser Hadrian nach der Niederschlagung des Bar-Kochbar-Aufstands 135 n.Chr. zur Militärkolonie Aelia Capitolina gemacht worden, mit Tempeln und Götterstatuen. Diesen heidnischen Überbau ließ Constantin nun beseitigen; in seinem Auftrag kam 327 n.Chr. die erste und berühmteste der vielen Frauen, die die beschwerliche Reise ins Heilige Land auf sich nahmen: seine Mutter, Kaiserin Helena.[3] Unter ihrer Aufsicht entstanden die Anlage der Grabeskirche, die Eleona-Kirche auf dem Ölberg und die Kirche über der Geburtsgrotte in Betlehem. Doch kam Helena auch als Pilgerin, die für ihre Familienangehörigen um Gottes Segen bat. Man kann vermuten, dass die Hinrichtung der Kaisergattin Fausta und ihres Stiefsohnes Crispus – 326 n.Chr. unter bis heute ungeklärten Umständen – das Gewissen von Mutter und Sohn beschwerte und beiden die rege Bautätigkeit als Sühne willkommen war.[4] Der Besuch der frommen Kaisermutter machte die Stadt zu einem neuen, christlichen, dem in der Offenbarung des Johannes verheißenen »himmlischen Jerusalem« (Apk 21,2). Bald verbreitete sich die Kunde, Helena habe aufgrund eines gottgesandten Traumes das heilige Kreuz gefunden, das fortan als kostbarste Reliquie galt und den Gläubigen in der Karfreitagsliturgie zur Verehrung dargeboten wurde. Es handelte sich dabei, im Gegensatz zu späteren bildlichen Darstellungen, nicht um das gesamte Kreuz, sondern um ein Holzstück (*lignum crucis*) samt dem *titulus*, der Inschrift. Das Fest der Kreuzauffindung wurde in den Kalender der Kirche übernommen (3. Mai). Die Kreuzreliquien wurden von Helena aufgeteilt zwischen Jerusalem und Rom, wo sie nach ihrer Heimkehr in einem Bezirk ihrer Residenz eine Kirche erbauen ließ, die als Bindeglied zwischen dem Westen und dem Osten des Reiches gelten sollte: die Kirche vom Heiligen Kreuz in Jerusalem, *Santa Croce in Gerusalemme*, bis heute eine der Pilgerkirchen Roms.

Helena baute nicht nur Kirchen im Heiligen Land, sondern auch Pilgerhospize; für die Unterbringung von Reisenden zu sorgen war ja einmal ihr Beruf gewesen, bevor sie einen römischen Offizier heiratete, der bis zum Kaiser aufsteigen sollte, Constantius Chlorus. Dank ihres großen Eifers für Kirchenbauten und Wohlfahrtspflege wurde sie unter die Heiligen aufgenommen; in älteren Heiligenkalendern ist der 18. August ihr Gedenktag; in der orthodoxen Kirche wird sie am 21. Mai verehrt, zusammen mit ihrem Sohn, wie besonders in Bulgarien (mit dem Brauch des Feuerlaufens) und in Zypern.

Schon bevor die constantinschen Kirchen in den Jahren um 335 n.Chr. eingeweiht waren, verbreitete sich ihr Ruhm, und es kamen die ersten Besucher, zunächst aus dem griechischen Osten. Ein entscheidendes Argument in der Auseinandersetzung der Christen mit der heidnischen Umwelt war es stets

---

[3] Vgl. R. KLEIN, Die Entwicklung der christlichen Palästinawallfahrt in konstantinischer Zeit, RQ 85, 1990, 145–181, 160ff.

[4] Ein Hinweis, dass christliche Wallfahrten von Anfang an auch zur Sühne stattfanden.

gewesen, den mythischen Göttergeschichten die leibhaftige Existenz des Gottessohnes Jesus Christus gegenüberzustellen. Die Orte seines Lebens, die Stätten seines Wirkens bestanden noch, darauf hatte man stets hingewiesen. Jetzt gab es die Möglichkeit, sich mit eigenen Augen zu überzeugen, den Boden zu betreten, über den der Herr gegangen war. Eusebius, Bischof von Caesarea in Palästina (seit 313 n.Chr.) und Kirchenschriftsteller, war begeistert von Constantins Hinwendung zum Heiligen Land. Denn wenn wir die Gräber der Märtyrer verehren, wie sollten wir nicht das heilige Grab Christi verehren, meinte er (wie auch Hieronymus) und wollte daher möglichst viele Christen einladen, auf den Spuren der Bibel zu wandern. So verfasste er auf Griechisch ein Lexikon der biblischen Ortsnamen (*Onomastikon*), in dem er jeweils bekannte Orte aus dem Alten und Neuen Testament angab, dazu die Bibelstellen nannte und auch erwähnte, was davon derzeit noch zu sehen war.[5] Vom hl. Hieronymus ins Lateinische übertragen, fand dieser biblische Baedeker eine weite Verbreitung.[6] Da er auch Entfernungsangaben von einem Ort zum andern enthielt (in römischen Meilen), konnte er neben den üblichen Itinerarien benutzt werden, den Karten, auf denen die Straßen des Römischen Reiches verzeichnet waren samt den Stationen zur Einkehr und zum Pferdewechsel.[7]

An einer solchen Straßenkarte und dem Lexikon der biblischen Orte hat sich ein Pilger orientiert, der als einer der ersten aus dem Westen des Reiches ins Heilige Land kam.[8] Wir kennen seinen Namen nicht, wissen aber, dass er im Jahr 333 n.Chr. von Burdigala, aus Bordeaux, aufbrach. Dieser so genannte *Pilger von Bordeaux* hat auf Lateinisch ein knappes Reisetagebuch verfasst.[9] Er reiste auf dem Landweg und legte während seiner ein Jahr dauernden Reise von

---

[5] Dazu vgl. E. KLOSTERMANN (Hg.), Eusebius, Onomastikon, GCS III/1, Leipzig/Berlin 1904 (Nachdr. 1966).

[6] Vgl. R. KLEIN, Palästinawallfahrt, 169ff. – Ob auch Egeria das Onomastikon benutzt hat, ist umstritten, vgl. J. WILKINSON (Übers.), Egeria's Travels to the Holy Land, Rev. Ed. Jerusalem 1981, 6, Anm. 2; 220, Anm. 10; G. RÖWEKAMP (Übers.), Egeria. Itinerarium. Reisebericht. Mit Auszügen aus Petrus Diaconus De locis sanctis – Die heiligen Stätten, FC 20, Freiburg u.a. 1995, 26.39. Wenn sie es benutzt hat, dann sicher in der lateinischen Fassung des Hieronymus (obwohl sie auch Griechischkenntnisse hatte, s. P. Eger. 7,7 mit Anm. 51).

[7] Zu denken ist an die sog. *Peutingersche Tafel* und die sog. *Karte von Madaba*, ein Fußbodenmosaik in einer Kirche im heutigen Jordanien.

[8] Zu den ersten christlichen Pilgerreisen ins Heilige Land vgl. B. KÖTTING, Peregrinatio Religiosa. Wallfahrten in der Antike und das Pilgerwesen in der Alten Kirche, Münster 1950 (Nachdr. 1980); E.D. HUNT, Holy Land Pilgrimage in the Later Roman Empire AD 312-460, Oxford 1982.

[9] Der Text bei H. DONNER, Pilgerfahrt ins Heilige Land. Die ältesten Berichte christlicher Palästinapilger (4.–7. Jh.), Stuttgart 1979, und J. WILKINSON, Travels, 153–163 (Auswahl).

der Atlantikküste bis nach Palästina und zurück mehr als 10.000 km zurück.[10] Sein Weg ging zunächst in Richtung Toulouse, über die Cottischen Alpen nach Mailand, von dort über Aquileia an der östlichen Adria in die Balkanprovinzen. Auf der Via Egnatia, der immer noch gut instand gehaltenen Hauptverkehrsader durch den Balkan, gelangte er bis zum Bosporus nach Konstantinopel, der neuen Hauptstadt des Reiches. Von hier aus folgte er den alten Heerstraßen, auf denen schon Alexander der Große gezogen war, durch Kleinasien, kam durch die Kilikischen Tore nach Syrien, zur Metropole Antiochia, wo man die Anhänger Jesu zum ersten Mal Christen genannt hatte[11]. Dann ging es nach Süden, ins Heilige Land, zur Bischofsstadt Caesarea und von dort endlich nach Jerusalem.

Der Pilger hat sich die wichtigsten Angaben aus seinen Führern in sein Reisetagebuch übertragen. So weiß er zu vermelden, dass es von Bordeaux bis Konstantinopel 4021 Meilen waren. Er übernachtete 230mal in Rasthäusern mit Pferdewechselstationen und 112mal in einfachen Gasthöfen.[12] Als gebildeter Mann verschmähte er auch weltliche Sehenswürdigkeiten nicht. Er erwähnt das Grab des Hannibal in Kleinasien[13] und Pella in Makedonien als Geburtsstadt Alexanders des Großen[14]. In Palästina wandelte er nicht nur auf den Spuren Jesu, sondern besuchte, wie die Pilger nach ihm, Gedenkstätten der Erzväter, Könige und Propheten des Alten Bundes: Er glaubte sich an der Stelle, wo David Goliath erschlug,[15] wo der Prophet Elia prophezeite,[16] an Josephs Grab und Jakobs Brunnen[17] und las vor Ort jeweils die entsprechenden Stellen in der Bibel nach. Über Bethar, wo seiner Meinung nach Jakob mit dem Engel rang,[18] kam er nach Jerusalem.[19] Wenn er dort im Gassengewirr die Reste des Hauses des Hohenpriesters Kaiphas fand,[20] so hatte er zweifellos Reiseführer gehabt. Nur sie konnten auch den Baum gekannt haben, von dem die Palmzweige stammten,[21] die man beim Einzug Jesu auf die Straße breitete[22].

---

[10] Zu Reisen in der Antike vgl. L. Casson, Reisen in der Alten Welt, München 1974.
[11] Vgl. Apg 11,26.
[12] Vgl. Itin. Burdig. 8.
[13] Vgl. Itin. Burdig. 9.
[14] Vgl. Itin. Burdig. 22.
[15] Vgl. Itin. Burdig. 13.
[16] Vgl. Itin. Burdig. 19.
[17] Vgl. Itin. Burdig. 14.
[18] Vgl. Gen 28,10–22; 32,22–32, dass der Kampf Jakobs bei Pnuel/Pniel am Unterlauf des Jabbok im Ostjordanland stattfand.
[19] Vgl. Itin. Burdig. 14.
[20] Vgl. Itin. Burdig. 16.
[21] Vgl. Itin. Burdig. 17.
[22] Vgl. Joh 12,13.

Von den constantinschen Kirchen ist der Pilger gebührend beeindruckt, obwohl sie noch im Bau waren. Man merkt, dass für ihn ein solcher Kirchenbau etwas Neues ist, denn er beschreibt die Grabeskirche, die im Auftrag Kaiser Constantins erbaut sei, als eine »Basilica« und fügt erklärend hinzu, das bedeute ein *dominicum*, also ein Haus des Herrn.[23] Man hatte sich ja im frühen Christentum darauf geeinigt, als Form des Gotteshauses nicht den heidnischen Tempel zu wählen, sondern die Basilika, einen lang gestreckten Hallenbau mit Mittel- und Seitenschiffen und Nischen, den Apsiden, sowie einem Vorhof. Dieser heidnische Mehrzweckbau, wie die *Basilica Julia* in Rom, diente zu Versammlungen aller Art, zu Gerichtsverhandlungen, Senatssitzungen, Vorträgen und zur Abwicklung von Handelsgeschäften und ließ sich, ohne Reminiszenzen an Götterverehrung und mit seiner Weiträumigkeit, gut nutzen für den christlichen Gottesdienst.

Trotz seiner knappen Bemerkungen ist beim Pilger von Bordeaux zu spüren, wie es ihn begeistert, an einer Stelle zu stehen, die ihm aus der Bibel bekannt ist – und die er nun wirklich mit eigenen Augen sehen kann. Diese Faszination des Reisens zu ›Originalschauplätzen‹ – wobei man geneigt ist, es um des Eindrucks willen mit dem ›Originalen‹ nicht gar zu genau zu nehmen – ist ja auch uns heute noch bekannt. Und diesen Antrieb spürt man ganz besonders in einem anderen Pilgerbericht, der uns aus jener frühen Zeit, dem vierten Jahrhundert, überliefert ist. Die Mühen, Beschwerden und Gefahren einer solchen Reise nahm um 381–384 n.Chr.[24] eine Frau auf sich, deren lateinisch geschriebener Reisebericht erst 1884 in einer Klosterbibliothek in Arezzo entdeckt wurde. Er stammt von einer frommen Frau, deren Namen man nicht genau weiß, da von der Handschrift des 11. Jahrhunderts der Anfangsteil verloren gegangen ist. Man nannte sie früher »Aetheria«, hat sie nun aber aufgrund der Epistel eines Mönchs aus dem siebten Jahrhundert als »Egeria« identifiziert.[25] Sie wird vielfach für eine Nonne gehalten, weil sie ihren Bericht für Frauen daheim verfasst hat, die sie *dominae sorores*, meine »Damen Schwestern«, anredet. Sie war aber wohl keine Klosterfrau – als solche hätte sie einen bischöflichen Dispens nötig gehabt, der, da sie ihre Reise immer weiter ausdehnte, immer hätte verlängert werden müssen, was praktisch kaum möglich war. Auch muss sie über beträchtliche Geldmittel verfügt haben.[26] Sie war eher eine vornehme Dame, die mit anderen Frauen zusammen in einer Kongregation, einem

---

[23] Vgl. Itin. Burdig. 17.
[24] Zur Datierung vgl. G. Röwekamp, Egeria. Einleitung, 21–29, der angenommene Reiseverlauf ebd. 29–33.
[25] Vgl. G. Röwekamp, Egeria. Einleitung, 12f. Die überlieferten Handschriften vom Brief des Mönches bieten verschiedene Formen des Namens, so auch Aetheria; dieser Namen war lange gebräuchlich, nun hat sich die Bezeichnung Egeria durchgesetzt.
[26] Vielleicht verfügte Egeria über Kreditbriefe für die Verlängerungen ihrer Reisen.

Konvikt, lebte,[27] wie wir das von anderen christlichen Frauen kennen, etwa dem Kreis um Hieronymus in Betlehem, mit Frauen wie Paula und ihrer Tochter Eustochium, wie Melania die Ältere und die Jüngere. Das Christentum bot Frauen neue Formen einer selbst bestimmten Existenz, die gerne genutzt wurden, wie gerade die Wallfahrtsbewegung zeigt.

Egeria kam ebenfalls aus dem äußersten Westen, aus Galicien, also Nordwestspanien, nach anderer Ansicht aus Südgallien (Aquitanien). Sie gelangte noch viel weiter als der Pilger von Bordeaux. Sicher reiste sie mit einer Gruppe von Begleitern, im Reisewagen, zu Pferd, mit dem Esel, mit Kamelen und auch zu Fuß. Ob sie die Erlaubnis hatte, den *cursus publicus*, die kaiserliche Post zu benutzen, wofür eigene Berechtigungsscheine, *diplomata*, von den Beamten ausgestellt wurden, und damit in den gehobenen Herbergen absteigen durfte, lässt sich nicht eindeutig sagen, wir können es aber annehmen. Die Bischöfe hatten ja das Recht, den *cursus publicus* zu benutzen, und wir hören von einem exzessiven Gebrauch, ja Missbrauch dieses Rechtes durch Prälaten, Bischöfe, aber auch kirchliche Geschäftsträger aller Art samt umfangreichem Tross. Es ist durchaus möglich, dass Egeria hier ihre Beziehungen hatte. Wir können auch nicht sicher sagen, ob sie die gesamte Reise auf dem Landweg machte. Es gab ja auch den Seeweg, aber in puncto Sicherheit war die Gefahr durch Banditen auf den Straßen damals noch geringer als die durch Piraten auf dem Meer.

Vier Jahre war sie unterwegs, rastlos und voller Begierde, alle heiligen Stätten zu sehen. *Peregrinatio ad loca sancta* bedeutet für sie keineswegs nur das Heilige Land. Auf dem Landweg kommt sie wie der Pilger von Bordeaux nach Konstantinopel und von dort nach Jerusalem, wo sie während der Ostertage weilt. Sie liefert uns eine genaue Beschreibung der Liturgie in den verschiedenen Kirchen, die schon erstaunlich weit ausgestaltet war. Die Große Woche, die Karwoche, beginnt mit der Feier am Palmsonntag, mit einer Prozession zum Gedenken an den Einzug Jesu in Jerusalem. Wie heute noch in der Ostkirche gibt es eine ausgedehnte Karfreitagsliturgie und dann die Feier der Auferstehung in der Grabeskirche. Es folgt noch das Gedächtnis der Erscheinung des Auferstandenen in der Sionskirche.[28] Alles erlebt Egeria mit; sie ist mit den anderen Pilgern hinein genommen in das heilige Geschehen und hört, was Christus gesprochen, was er getan und erlitten hat. Und man spürt noch ihre Begeisterung, wenn sie hinzufügt, dass sie das alles am gleichen Tag, also am

---

[27] Dafür spricht auch die Anrede *affectio vestra*, meine Verehrtesten, eine Anrede für hochgestellte Damen, nicht für Klosterfrauen unter sich, z.B. P. Eger. 5,8.
[28] Vgl. Joh 20,19–25; P. Eger. 39,5.

Karfreitag oder Ostersonntag, und am gleichen Ort, also auf Golgatha und an den anderen heiligen Stätten, miterlebt hat: *eadem die – in eodem loco*.[29]

Ein Höhepunkt ist die Verehrung des heiligen Kreuzes am Karfreitag.[30] Der Teil des wieder gefundenen Kreuzes wird auf einen Tisch gelegt, der mit einem weißen Leinentuch bedeckt und vor dem Sitz des Bischofs aufgestellt ist. Nun treten die Gläubigen heran, küssen das Kreuz und berühren es – aber nur mit der Stirn oder den Augen, nicht mit den Händen. Es war nämlich schon zu oft vorgekommen, dass einer der Gläubigen in frommem – oder weniger frommem – Eifer ein Stückchen der Reliquie abzubrechen suchte, um es mit nach Hause zu nehmen. Ja die Diakone, die neben dem Tisch postiert waren, hatten auch ein scharfes Auge auf die Gläubigen, wenn sie das Kreuz küssten. Es war doch wahrhaftig passiert, dass jemand ein Stück abgebissen hatte! Trotz aller Vorsichtsmaßnahmen gab es bald allenthalben, in Nordafrika, in Gallien oder später auch in unseren Breiten, Partikel vom heiligen Kreuz, die heimische Wallfahrten zur Folge hatten.

Aus dem Bericht Egerias entnimmt man, dass man im heiligen Land inzwischen auf Besucher eingestellt war. Es gab Mönche, die die Pilger herumführten, und Unterkünfte, Pilgerhospize, in denen die Erkrankten gepflegt wurden.[31] Die Armen wurden gespeist, gekleidet und mit einem Zehrpfennig ausgestattet. Freilich machte sich bald auch so mancher auf die Reise, dem es nicht um fromme Erbauung ging, sondern nur um eine Art ›Urlaub‹ mit kostenloser Verpflegung. Daher nahm man einen Brauch wieder auf, den schon Paulus kannte:[32] Die Pilger ließen sich von ihrer Heimatkirche einen Empfehlungsbrief ausstellen, den sie in den Herbergen vorwiesen. So ausgerüstet waren die Christen auch in den Verfolgungszeiten unterwegs gewesen, als man von Spitzeln bedroht war. Nun hatten die Wallfahrer einen ›Friedensbrief‹, der ihre frommen Absichten bestätigte. Außer den Unterkünften an den Straßen des Reiches gab es seit dem Ende des vierten Jahrhunderts Herbergen, die von Kirchengemeinden und Klöstern unterhalten wurden. Vornehme Personen wurden vom Bischof in sein Anwesen eingeladen, das einen Trakt mit Übernachtungsräumen besaß. Eine Spende für die Armen wurde als Entgelt erwartet. Egeria konnte von dieser Art der Unterbringung Gebrauch machen, und nicht nur in Jerusalem oder im Heiligen Land – sie wollte ja noch weitere *loca sancta* sehen. Sie reiste nach Ägypten, um in der Wüste von Theben die dortigen Einsiedlermönche zu besuchen. Hier hatten in der ersten Hälfte des

---

[29] P. Eger. 39,5. Egeria hebt oft hervor, dass die Lesungen und Gebete immer passend zum Tag und zum Ort vorgetragen werden, z.B. 4,3; 31,1; 35,4; 37,6; 47,5.

[30] Vgl. P. Eger. 37 und G. Röwekamp, Egeria. Einleitung, 57f.

[31] Daher kommen die Begriffe ›Hospiz‹ und ›Hospital‹.

[32] Vgl. 2Kor 3,1–3. Paulus erklärt, er brauche keinen Empfehlungsbrief, wie andere, sondern seine Person sei den Korinthern ins Herz geschrieben.

vierten Jahrhunderts Antonius und Pachomius das Mönchstum begründet, eine neue, selbst bestimmte Lebensform, ohne Ämter und Karriere und die ständige Sorge um das Auskommen für sich und eine Familie. In strenger Askese, allein oder mit Glaubensbrüdern, widmeten sie sich dem Gebet und der Meditation, aber auch landwirtschaftlichen Arbeiten. Der Ruf ihrer Heiligkeit und Sonderbarkeit verbreitete sich allenthalben, und so gehörte es bald zum Pilgerprogramm, auch die heiligen Männer in der oberägyptischen Wüste aufzusuchen. Diese sahen solche Besuche oft eher als eine Heimsuchung an und reagierten recht ungnädig, wenn sie von reichen Damen mit einem luxuriösen Hofstaat aufgesucht, wie Wundertiere angestarrt und mit Fragen belästigt wurden. Egeria aber wird überall gut aufgenommen (so schreibt sie wenigstens)[33], offenbar konnte man ihrer Begeisterung nicht widerstehen. Sie ist des Lobes voll über die heiligen Männer, die ihr alles zeigen und ihre Fragen beantworten. Und sie will ständig etwas wissen: »Ich bin nämlich ziemlich wissbegierig (*satis curiosa*)«, sagt sie selbst (P. Eger. 16,3). Wissbegierig – oder eher neugierig? Aber hätte sie ohne diesen inneren Antrieb solche Strapazen auf sich genommen, wie nun noch die Reise in die heißen Wüstengegenden Ägyptens? Und ihr Hunger nach ›Originalschauplätzen‹ ist immer noch nicht gestillt.

Von Ägypten nach Palästina zurückgekehrt bricht sie von dort wieder auf zur Sinaihalbinsel. Hier zieht sie auf dem umgekehrten Weg, den nach alttestamentlicher Überlieferung die Israeliten beim Auszug aus Ägypten ins Gelobte Land genommen hatten. In der Gegend von Suez am Roten Meer (Klysma) wird sie von Militärposten eskortiert, die dort zum Schutz der Handelskarawanen stationiert sind. Sie will auf den Berg, auf dem Moses von Gott die Gesetzestafeln erhielt. Der Berg Sinai, heute *Dschebel Musa*, Mosesberg, ist 2285 m hoch. Der Aufstieg ist recht anstrengend, auch wenn man heute zwei Drittel des Weges auf schaukelndem Kamelrücken zurücklegen kann. Egeria muss offenbar die ›Mosesstiege‹ wählen, die heute laut Reiseführer nur für geübte Bergsteiger zu empfehlen ist. Sie schreibt nämlich (P. Eger. 4,2, vgl. Ex 19,18f):

Den Gipfel des Sinai bestieg ich auf Weisung Christi unseres Gottes, unterstützt durch das Gebet der Heiligen, die uns begleiteten, und das unter großen Anstrengungen, weil ich zu Fuß hinaufsteigen musste, im Sattel kam man nämlich nicht hinauf. Aber ich spürte die Strapaze gar nicht, erlebte ich doch, dass mein Verlangen auf Weisung Gottes erfüllt wurde. Denn zur vierten Stunde erreichten wir eben den Gipfel des heiligen Gottesberges Sinai, wo das Gesetz gegeben worden ist: Das ist der Ort, wo die Herrlichkeit Gottes herabstieg, an jenem Tag, als der Berg rauchte.

---

[33] Sie setzt sich ab von touristischer Neugier, indem sie einen Bischof zu ihr sagen lässt, sie habe ja *gratia religionis*, »der Religion zuliebe«, so viele Mühen auf sich genommen, um von den äußersten Enden der Erde hierher zu kommen, und sei daher würdig, dass man ihr alle gewünschten Orte zeige (P. Eger. 19,5).

Das Hoch- und Glücksgefühl, auf einem solchen ›Originalschauplatz‹ zu stehen, lässt Egeria alle Strapazen vergessen. »Als der Berg rauchte«: Dieses wörtliche Zitat lässt uns fragen, ob Egeria den gesamten Bibeltext bei sich hatte zum Nachlesen. Sie sagt selbst, dass sie mit ihren Begleitern jeweils an den heiligen Orten aus dem *codex* die betreffende Lesung hielt.[34] Wir können, analog zu dem, was wir etwa aus dem Umkreis des Hieronymus wissen, vermuten, dass die »Schwestern« bei ihr zu Hause zu den *sanctae litteratae* gehörten, den frommen gebildeten Frauen, die Bibeltexte und andere Schriften abschrieben und vervielfältigten, in der Form des *codex*, und sie damit ausgestattet hatten.[35]

Egeria in Ägypten, Egeria auf dem Sinai – doch wer nun annimmt, dass sich die kühne Pilgerin endlich auf den Heimweg macht, der irrt sich. Nach Jerusalem zurückgekehrt macht sie sich ins syrische Mesopotamien auf, zum Grab des Apostels Thomas. Auf dem Weg überquert sie den Euphrat, den sie mit der fernen Rhone vergleicht.[36] In Edessa, dem alten Urfa, verehrt sie das Grab des Apostels Thomas, der auf seinen Missionsreisen viele Wunder gewirkt hat und bis nach Indien gekommen sein soll, wo es in der Tat heute noch die ›Thomaschristen‹ gibt.[37] Sie wohnt im Anwesen des Bischofs, der ihr alle heiligen Stätten zeigt und ihr erzählt von König Abgar, der ein Leinentuch erhielt, in das Christus sein Angesicht abgedrückt hatte, und der durch diese Berührung von seinem Aussatz geheilt wurde. Ja es gibt sogar einen Brief, den Abgar an Christus geschrieben hatte, und dessen Antwort![38] Zum Dank für seine

---

[34] *Deinde legeretur lectio ipsa de codice* (P. Eger. 10,7). – Egeria benutzte wohl die lateinische Bibelübersetzung der Vetus Latina; die Vulgata des Hieronymus war erst im Entstehen (seit 382/3 n.Chr. im Auftrag von Papst Damasus).

[35] Egeria fordert einmal die Damen Schwestern auf, zu Hause die betreffenden Stellen aus den Büchern Moses nachzulesen, vgl. P. Eger. 5,8. – Diese wichtige Tätigkeit von Frauen auf dem Gebiet des Buchwesens findet ja heute erst die gebührende Beachtung, vgl. A. SOROCEANU, Sanctae Litteratae. Zur Tätigkeit christlicher Frauen in spätantiken Skriptorien, in: Gelehrte in der Antike, FS A. Demandt, hg. v. A. Goltz, Köln u.a. 2002, 237–250.

[36] P. Eger. 18,2.

[37] Egeria erzählt, dass sie und ihre Begleiter einiges vom hl. Thomas gelesen hätten (vgl. P. Eger. 19,2), also wohl aus den apokryphen Thomasakten (vgl. W. FOERSTER, Die Thomasakten, in: Ders., Die Gnosis 1. Bd. Zeugnisse der Kirchenväter, Zürich/München ²1979, 430–467) oder dem seit dem 3. Jahrhundert bezeugten Thomasevangelium. Von Edessa führten Handelsrouten nach Nordindien, daraus entstand vielleicht die Überlieferung vom hl. Thomas als dem Apostel Indiens.

[38] Der Text bei J. WILKINSON, Travels, 151f. Es sollte sich um König Abgar V. handeln (7 v. bis 4 und 13–50 n.Chr.); die Legende entstand aber wohl erst unter Abgar IX., dem ersten christlichen König von Osrhoene, am oberen Euphrat. Von diesen Briefen erhält Egeria dort Abschriften, die noch ausführlicher seien als diejenigen, die sie zu Hause davon habe (in der Fassung des Eusebius), und sie will sie ihren Damen zu lesen geben (vgl. P. Eger. 19,19).

Heilung nahm der König das Christentum an, und die Bewohner seines Reiches rühmten sich später, dass ihr Land Osrhoene das erste christliche Königreich gewesen sei.

Die unermüdliche Pilgerin reist noch weiter, nach Carrhae (im nördlichen Mesopotamien), berühmt-berüchtigt durch die katastrophale Niederlage, die die Römer hier 53 v. Chr. gegen die Parther erlitten hatten. Egeria interessiert sich für noch weiter zurückliegende Ereignisse: Carrhae ist das biblische Haran, der Wohnort Abrahams, und welch ein Glück, die Kirche steht auf den Fundamenten seines Hauses, und der Brunnen ist noch da, an dem einst Rebekka die Kamele Eliezers getränkt hatte, der als Brautwerber für Isaak gekommen war. Hier hat Egeria sicher ihr Pilgerfläschchen gefüllt, das notwendige Requisit der Wallfahrer. Sie ist den Mönchen wieder sehr dankbar, die sie überall herumführten und ihren Wissensdurst stillten.

Vom oberen Euphrat geht Egeria nach Kleinasien – in Seleukia[39] muss sie noch das Grab der heiligen Thekla, ein Grottenheiligtum, aufsuchen, nach der Legende die Missionsgefährtin des Paulus. Dort gibt es Einsiedeleien frommer Frauen, und Egeria trifft sogar eine Bekannte![40] Ohne Anzeichen von Ermüdung besucht sie schließlich in Konstantinopel der Reihe nach alle Kirchen und Märtyrergräber und schreibt dazu: »Von diesen gibt es hier sehr viele, und ich versäumte nicht, unserem Herrn Jesus Dank zu sagen, der mich seiner Barmherzigkeit und seines Schutzes gewürdigt hat« (P. Eger. 23,9f). Hier in Konstantinopel schließt sie ihren Reisebericht ab – sie will freilich immer noch nicht nach Hause, sondern noch nach Ephesus, zum Grab des Apostels Johannes – aber sie schickt ihren Bericht nun heim: »Ihr aber, meine verehrten Damen Schwestern, gedenkt meiner freundlich, ob ich, [wie Paulus sagt, vgl. 2Kor 12,3] noch im Leibe, oder ob ich schon außer dem Leibe bin.«

Wir werden W. STROH zustimmen, der in seinem Buch: »Latein ist tot, es lebe Latein«, vom »charmanten Bericht einer Nonne namens Egeria« spricht[41]; Nonne – zwar nicht, aber charmant auf jeden Fall!

---

[39] Seleukia in Kilikien, heute Silifke, an der türkischen Südküste. Vom Wirken der hl. Thekla, die zusammen mit Paulus, aber auch allein lehrte und taufte, berichten die apokryphen *Acta Pauli et Theclae*, die Egeria liest (P. Eger. 23,5). Thekla soll sich ihren Verfolgern entzogen haben, indem sie in einem Felsspalt verschwand. Die über diesem Ort, einer Höhle bei Seleukia, erbaute Kapelle (später eine Kirche) wurde zum Wallfahrtsort.

[40] Eine Diakonisse namens Marthana, die Egeria in Jerusalem kennen gelernt hatte (P. Eger. 23,3) und die hier einer Einsiedelei von Frauen vorsteht, einem *monasterium* von Apotaktiten, wörtl. solchen, die abgesagt haben, nämlich allen weltlichen Gütern (vgl. 23,2). Organisationen von weiblichen Asketen erscheinen hier zum ersten Mal.

[41] W. STROH, Latein ist tot, es lebe Latein. Kleine Geschichte einer großen Sprache, Berlin 2007, 137.

Hanswulf Bloedhorn

Egerias Reisen im Heiligen Land –

eine christliche Pilgerin auf jüdischen Spuren

Es ist schon auffallend: eine ›Klosterfrau‹ namens Egeria[1] unternimmt Pilgerreisen durch den Orient, und es werden in den besuchten drei Provinzen Palästinas kaum Stätten genannt, die neutestamentliche Vorkommnisse kommemorieren. Ihre Beschreibungen, niedergelegt in einem Briefwechsel, konzentrieren sich fast nur auf Orte mit jüdischen Traditionen, wenn man von der Erwähnung der vier Kirchen Jerusalems und den zwei Pilgerstätten in der unmittelbaren Umgebung, der Geburtskirche in Bethlehem und der Kirche an Lazarus' Grabstätte in Bethanien, einmal absieht.[2]

1. Die Datierung der Pilgerreise

Der Pilgerbericht wurde 1884 von GIOVANNI FRANCESCO GAMURRINI in der Bibliothek der Marienbruderschaft zu Arezzo entdeckt. Die einsetzende Diskussion über die Datierung der beschriebenen Pilgerreise engte schnell die verschiedenen Vorschläge auf die beiden letzten Jahrzehnte des 4. Jahrhunderts ein.[3] PAUL DEVOS glaubte sogar, die Reisedaten monatsgenau fassen zu

---

[1] Zur Person s. H. DONNERS Einleitung, in: DERS., Pilgerfahrt ins Heilige Land. Die ältesten Berichte christlicher Palästinapilger (4.–7. Jahrhundert), Stuttgart ²2002, 68–81.
[2] Zu Jerusalem ausführlich KL. BIEBERSTEIN/H. BLOEDHORN, Jerusalem. Von der Frühbronzeit bis zum Beginn der osmanischen Herrschaft Bd. I–III, TAVO Beiheft B 100/1–3; Wiesbaden 1994; ansonsten guter Überblick bei G. KROLL, Auf den Spuren Jesu, Leipzig ¹²2002, s. v. Index.
[3] Datierung in die 80er Jahre: P. GEYER, Die wirkliche Verfasserin der »Peregrinatio Silviae«: ArchLatLex 15, 1908, 233–252, und A. BAUMSTARK, Das Alter der Peregrinatio Aetheriae: OrChr NS 1, 1911, 32–76. Datierung in die 90er Jahre: M. FÉROTIN, Le véritable auteur de la ›Peregrinatio Silviae‹, la vierge espagnole Éthérie, RQH 74 (NS 30), 1903, 367–397; E. WEIGAND, Zur Datierung der Peregrinatio Aetheriae, ByZ 20, 1911, 1–26; D.G. MORIN, Un passage énigmatique de S. Jérôme contra le pèlerine espagnole Eucheria?, RBen 30, 1913, 174–186; J. ZIEGLER, Die Peregrinatio Aetheriae und das Onomastikon des Eusebius, Biblica 12, 1931, 70–84. Zwischen 363 und 387 n.Chr. datieren M. LE COUR GRANDMAISON/M.B. BILLET, Le pélerinage au fumier de Job et la

können.[4] Verschiedene Indizien weisen aber auf eine spätere Entstehung um die Jahrhundertwende hin. So wies JOSEPH ZIEGLER darauf hin, dass Egeria Hieronymus' Übersetzung des Onomastikon verwendet, womit eine Datierung erst nach 390 möglich sei.[5]

Wenn man auch die im Pilgerbericht erwähnten Bauten zu Hilfe nimmt, lässt sich die Datierung weiter präzisieren: EDMUND WEIGAND machte darauf aufmerksam,[6] dass die Pilgerin bei ihrem Besuch in Edessa von dem Grabmal und der Kirche des heiligen Thomas berichtet, dass diese »valde pulchra et nova dispositione et vere digna« seien (P. Eger. 19,2)[7], und damit eine Neuerrichtung der Kirche voraussetzt, in die die Gebeine des Heiligen erst am 22. August 394 übertragen worden waren. Ebenso setzt Egeria in ihrer Schilderung der Liturgie von Jerusalem die Errichtung der byzantinischen Hagia Sion-Basilika voraus, die nach dem Georgischen Lektionar von 565 erst unter Johannes II. – seit 387 Bischof von Jerusalem – erfolgt ist und deren Einweihung aufgrund weiterer Quellen auf den 15. September 394 datiert werden kann, wie MICHEL VAN ESBROECK nachweisen konnte.[8] Schließlich erwähnt die Pilgerreisende in Carneas/Karnaïn die Entdeckung des Hiobgrabes, das Johannes Chrysostomos in einer 397 gehaltenen Homilie noch unbekannt war.[9] Da sie ferner die Verehrung der Stephanus-Reliquien in Jerusalem nicht nennt, wird ihre Reise zwar nach 397, aber noch vor 415 n.Chr. erfolgt sein.[10]

---

date de la »Peregrinatio Aetheriae«, RSR 48, 1960, 460–465. – Eine Extremposition nahm K. MEISTER, De itinerario Aetheriae abbatissae perperam nomini S. Silviae addicto, RhMus 64, 1909, 337–392, ein, der die Reise in die 30er Jahre des 6. Jhs. datiert, worin ihm aber zu Recht keiner folgte.

[4] P. DEVOS, La date du voyage d'Égérie, AnBoll 85, 1967, 165–194: beispielsweise im Januar 384 von Ägypten nach Jerusalem, im Februar zum Berg Nabau, Anfang März zum Hiob-Grab und am 19. April 384 n.Chr. Eintreffen in Edessa, eine unwahrscheinliche Expressreise.

[5] Peregrinatio, 70–84.

[6] Datierung, 1–26.

[7] Zitiert hier und im Folgenden nach: G. RÖWEKAMP (Hg.), Egeria Itinerarium Reisebericht. Mit Auszügen aus Petrus Diaconus De Locis Sanctis Die Heiligen Stätten, FC 20, Freiburg u.a. ²2000.

[8] M. VAN ESBROECK, Jean II de Jérusalem et les cultes de St. Étienne, de la Sainte-Sion et de la Croix, AnBoll 102, 1984, 99–134, 107–125.

[9] Vgl. H. DONNER, Pilgerfahrt, 117 Anm. 125.

[10] In das beginnende 5. Jh. n.Chr. datieren die Pilgerreise B. BAGATTI, Ancora sulla data di Eteria, BibbiaOr 10, 1968, 73–75 (408–410 n. Chr.); A. LAMBERT, L'Itinerarium Egeriae vers 414–416, RMabillon 28, 1938, 49–69; E. DEKKERS, De datum der »Peregrinatio Egeriae« en het Feest van Ons Heer Hemelvaart: Sacris erudiri 1, 1948, 181–205 (414–418 n.Chr.).

2. Von Egeria in Palästina besuchte Orte und Gebäude

Nach einer ersten Pilgerreise durch Ägypten, deren Bericht leider nicht erhalten ist, reiste Egeria von Jerusalem aus erneut in das Land am Nil (P. Eger. 1–9). Bei Pelusium erreichte sie wieder die Sinai-Halbinsel und durchzog sie in mehreren Tagesetappen zurück nach Aelia Capitolina, nach Jerusalem.

2.1 Reise zum Berg Nebo

Nach einiger Zeit erhielt die Pilgerin die Weisung Gottes, in der Provinz Arabia den Berg Nebo zu besteigen (vgl. P. Eger. 10,1). Sie machte sich gehorsam auf den Weg und wurde von einer Reisegruppe begleitet, der Priester, Diakone und Mönche angehörten (vgl. 10,3). Es liegt keine Wegbeschreibung bis zur Furt der Israeliten am Jordan vor, aber sie zogen sicherlich von Jerusalem auf der Straße über den Ölbergrücken – südlich der heutigen Auguste-Victoria-Stiftung vorbei – und dann in leicht nordöstlicher Richtung zum Wādī Qilt und dieses hinab nach Jericho, was aber von der Pilgerin nicht erwähnt wird. Durch die Ebene gelangte die Reisegruppe zu der Furt, an der der Tradition nach schon die Israeliten den Jordan[11] durchquert hatten. Interessant ist, dass Egeria in diesem topographischen Zusammenhang weder die alttestamentliche Gilgal-Tradition[12] noch die neutestamentliche Überlieferung zur Taufstelle Jesu[13] nennt.

Von dort wanderten die Pilger in südöstlicher Richtung nach »Betharam civitas tribus Gad iuxta Iordanem, quae a Syris dicitur Bethramtha et ab Herode in honorem Augusti Livias[14] cognominata est« (P. Eger. 10,4–6). Der Ort lag ca. 9 km östlich des Jordan am Wādī Ḥisbān, wurde aber nie ausgegraben. Ledig-

---

[11] Vgl. Jos 3,14–17.

[12] Nicht eindeutig zu identifizieren, s. Kl. Bieberstein, Art. Gilgal, RGG⁴ III, 2000, 929–931.

[13] Ausgrabungen an der Taufstelle seit 1997: M. Waheeb, Wādī al-Kharrār Archaeological Project (al-Maghas), ADAJ 42, 1998, 635–637; Ders., Recent Discoveries East of the Jordan River. Wādī al-Kharrār Archaeological Project, Preliminary Report, ADAJ 45, 2001, 419–425; Ders., Recent Discoveries in Bethany beyond the Jordan, ADAJ 48, 2004, 243–248; Ders., Mosaic Floors in the Baptism Site (Bethany beyond the Jordan), ADAJ 49, 2005, 345–349; R. Mkhjian/Chr. Kanellopoulos, John the Baptist Church Area: Architectural Evidence, ADAJ 47, 2003, 9–18; R. Mkhjian, John the Baptist Church Area. New Evidence Regarding the Basilica and Four Piers, ADAJ 48, 2004, 239–241; Ders., Bethany beyond the Jordan where Jesus was Baptized, ADAJ 51, 2007, 239–241.

[14] Vgl. Eus., On. 48,13–15; G. Schmitt, Siedlungen in Palästina in griechisch-römischer Zeit. Ostjordanland, Negeb und (in Auswahl) Westjordanland, TAVO Beiheft B 93, Wiesbaden 1995, 228–229.

lich von FÉLIX-MARIE ABEL liegt eine kurze Oberflächenbeschreibung vor:[15] Der kleine Hügel (Tall ar-Rāma) erhebt sich ca. 25 m über der Ebene, obenauf zwei arabische Grabanlagen, eine weitere am Hang; außerdem Keramik von der Eisenzeit bis in römische Zeit. Egeria und ihrer Reisegruppe wurden hier die Fundamente des Zeltlagers der Israeliten gezeigt und die Stelle, an der die Söhne Israels Mose im Lande Moab vierzig Tage lang beweinten, »am Jordan gegenüber von Jericho« (Dtn 34,8) und wo Josua nach Moses Weggang vom Geist des Wissens erfüllt wurde (vgl. V.9). Hier soll Mose auch das Buch Deuteronomium geschrieben und die Söhne Israels vor seinem Heimgang gesegnet haben (vgl. Dtn 31–33). Die Reisegruppe besichtigte diese Stätten, wobei Gebete gesprochen und Abschnitte des Deuteronomiums gelesen wurden (vgl. P. Eger. 10,7). Diese Frömmigkeit wird sich auf der weiteren Reise stetig wiederholen.

Die Pilger zogen dann auf der Römerstrasse[16] nach Esebon (Ḥisbān) weiter, verließen diese aber am sechsten Meilenstein, um sich nach Süden der Mose-Quelle ('Uyūn Mūsā) zuzuwenden, auf die sie ein Priester in Livias hingewiesen hatte (vgl. P. Eger. 10,8–9). Dort fanden sie gastliche Aufnahme bei den »sehr vielen wahrhaft frommen Mönchen, die man Asketen nennt« und die ihnen Eulogien schenkten (11,1).[17] Zwischen einer kleinen Kirche und den Einsiedeleien entspringt die »grosse Quelle, sehr schön und klar, von ausgezeichnetem Geschmack«, aus der schon Mose die Israeliten mit Wasser versorgt haben soll (11,2). Zwei Kirchen wurden dort in den 1980er Jahren ausgegraben, die aber beide dem frühen 6. Jahrhundert angehören. Ein vermutlich vorhandener älterer Vorgängerbau kam bislang nicht zutage.[18]

Nach Gebet und Lesung ging es mit den Mönchen weiter zum Berg Nebo hinauf, der steile Anstieg war mit Eseln passierbar, nur an wenigen Stellen

---

[15] Exploration du sud-est de la vallée du Jourdain, RB 40, 1931, 219–223 Nr. 4; vgl. auch M. PICCIRILLO, Il Pellegrinaggio di Egeria al Monte Nebo in Arabia: Atti del convegno internazionale sulla Peregrinatio Egeriae nel centenario della pubblicazione del Codex Aretinus 405 (già Aretinus VI,3), Arezzo 1987 (Arezzo 1990), 194–198.

[16] Die Straße beschrieb schon P. THOMSEN, Die römischen Meilensteine der Provinzen Syria, Arabia und Palästina, ZDPV 40, 1917, 67–68 Nr. 229–231; die Neufunde der Meilensteine bei M. PICCIRILLO/E. ALLIATA, Mount Nebo. New Archaeological Excavations 1967–1997, SBF.CMa 27, Jerusalem 1998, 132–149.

[17] O. HENKE, Zur Lage von Beth Peor, ZDPV 75, 1959, 155–163; M. PICCIRILLO, Archaeological Excavtions at 'Ayoun Mousa – Mount Nebo 1984–1987, ADAJ 32, 1988, 195–205; DERS.: Pellegrinaggio, 198–206. – Die Kirche des Diakon Thomas erst 1. Hälfte des 6. Jh. n.Chr., vgl. A. MICHEL, Les églises d'époque byzantine et umayyade de Jordanie (provinces d'Arabie et de Palestine), Ve–VIIIe siècle. Typologie architecturale et aménagements liturgiques (avec catalogue des monuments), Bibliothèque de l'antiquité tardive 2, Turnhout 2001, 357–360.

[18] Vgl. A. MICHEL, Églises, 353–360 Nr. 130–131.

musste man zu Fuß gehen (vgl. P. Eger. 11,3–4). Als die Pilgerin endlich den Gipfel des Nebo (Ras as-Siyāġa) erreicht hatte,[19] erblickte sie »eine nicht besonders grosse Kirche« (12,1). Wahrscheinlich bezeichnet Egeria damit den triconchalen Bau, der der ältesten Bauphase um 400 angehört, denn Eusebius kennt vor 340 n. Chr. noch keine Memorialstätte.[20] Erst ab der Mitte des 6. Jahrhunderts wurde der Memorialbau systematisch zu einem Pilgerzentrum mit großer Basilika und einem Baptisterium sowie weiteren Anbauten erweitert.[21] Dass es sich um ein Denkmal – und kein Grabmal – handelte, betont sie ausdrücklich (P. Eger. 12,2):

> Hier ist der heilige Moses von Engeln bestattet worden, denn es steht geschrieben: ›Kein Mensch kennt sein Grab‹ (Dtn 34,6). Deshalb ist es sicher, dass er von Engeln beigesetzt wurde. Bis heute wird sein Grabmal, wo er bestattet ist, nicht gezeigt. So wie es uns nämlich die Alten, die hier, wo es gezeigt wird, wohnten, überliefert haben, so zeigen wir es auch euch.

Anschließend traten die Pilger vor die Tür und genossen den weiten Blick in die Landschaft – wie auch die heutigen Pilger anderthalb Jahrtausende später. Die Priester und Mönche dienten ihnen als zeigende Pilgerführer: Zunächst wiesen sie am Fuß des Berges auf die Stadt Livias und gegenüber gelegen Jericho, dazwischen der Jordan mit seiner Mündung in das Tote Meer, und weiter südlich wiesen sie auf das Land der Sodomiter und die Stadt Zoar. Auch auf die Säule, zu der Lots Frau erstarrte, wurde verwiesen; wenngleich sie nicht mehr sichtbar war, war doch aber ihr Standort bekannt (vgl. P. Eger. 12,3–7). Nun wandte man sich ostwärts und blickt nach Esebon (Ḥisbān) und Safdra (vgl. 12,8).[22] Danach kehrten sie via Jericho nach Jerusalem zurück.

---

[19] Vgl. G. Schmitt, Siedlungen, 258–259.

[20] Eus., On. 17,26–27 (zit. n.: Das Onomastikon der biblischen Ortsnamen, hg. v. E. Klostermann, GCS Eusebius III,1, Leipzig 1904): »Abarim mons in quo mortuus est Moyses. Dicitur autem mons esse Nabau in terra Moab contra Iericho supra Iordanem« und »Nabau, quod Hebraice dicitur Nebo, mons super Iordanem contra Iericho in terra Moab, ubi Moyses mortuus est« (137,5–7).

[21] Zur Baugeschichte vgl. M. Piccirillo, Pellegrinaggio; 206–212; M. Piccirillo/E. Alliata, Mount Nebo, 150–191.266–307; A. Michel, Églises, 328–333.

[22] M. Piccirillo, Pellegrinaggio 213–214. Esebon liegt 12 km nordöstlich vom Nebo, s. G. Schmitt, Siedlungen, 149–150; Safdra ist bislang unbekannt, die gängige Identifizierung mit Adra in der Auranitis (Süd-Syrien), 100 km weiter nördlich gelegen, ergibt keinen Sinn, so auch G. Röwekamp, Egeria, z. St., sodass die Identifizierung offen bleiben muss.

2.2 Die Reise zur Stadt Hiobs

Wieder in Jerusalem zurück, hegte Egeria den Wunsch, zum Grab des Hiob in Carneas/Karnaïn in der Auranitis[23] zu reisen (vgl. P. Eger. 13,1), was eine achttägige Reise[24] bedeutete (vgl. 13,2). Sie zog mit ihrer Gruppe sicherlich von Jerusalem auf der nördlichen Straße nach Neapolis (Nāblus) – das Grab Jakobs wird hier nicht genannt –, und von dort ging es wahrscheinlich durch das Bergland Samariens nach Aser[25] (Tayāsir) und dann in nordöstlicher Richtung auf das Jordan-Tal zu, wo bei Sedima (Saloumias)[26] das Jordan-Tal erreicht wurde. Der Ort ist das alte Salem, die Stadt Melchisedeks. Er liegt in einer Ebene, aus der sich eine Anhöhe erhebt, auf der eine Kirche mit dem griechischen Namen »opu Melchisedek« steht (13,3–4).[27]

Am Fuß des Hügels beschreibt Egeria sodann noch mächtige Grundmauern und weitere Trümmerhaufen. Vielleicht handelte es sich um die Reste des ehemaligen Römerlagers, das hier während der 1. Hälfte des 2. Jahrhunderts gestanden hatte. Das Lager war ca. 180 x 200 m groß, konnte also bis zu einer halben Legion beherbergen. Inschriftlich ist die 6. Vexillatio der legio VI Ferrata belegt. Die Gebäude wurden aus gebrannten Ziegeln auf Steinfundamenten errichtet, eine Thermenanlage ist gesichert sowie ein größerer Raum mit Mosaikboden.[28] In einem weiteren Raum kam 1975 ein spektakulärer Fund zutage: eine bronzene Panzerstatue des Kaisers Hadrian.[29] An der Straße nach Norden, zu dem 12 km entfernten Scythopolis (Baišān), erhob sich ein Triumphbogen zu Ehren desselben Kaisers, wie die Fragmente der Weihinschrift belegen.[30] Diese Lagerreste waren es wohl, die Egeria als Reste des Palastes von König Melchisedek gezeigt bekam. Außerdem wies der Priester der Kirche sie daraufhin, dass

---

[23] Egeria schreibt »Ausitis« und »ins Land 'Uṣ«.

[24] Egeria zählt die Rastplätze aber nicht auf.

[25] Vgl. G. Schmitt, Siedungen, 70–71.

[26] Sedima – Salem – Saloumias wird mit Tall ar-Radġā bzw. Tel Šalem identifiziert; zu den verschiedenen Namen s. G. Schmitt, Siedungen 306–308; zur Beschreibung Egerias siehe H.S. Sivan, Pilgrimage, Monasticism and the Emergence of Christian Palestine in the 4th Century, in: R. Ousterhout (Hg.), The Blessings of Pilgrimage, Illinois Byzantine Studies 1, Urbana/Chicago 1990, 61–62. Der Ort in Eusebs Onomastikon 40,1–4; 106,5; 153,7–9, und fragmentarisch auch auf der Madaba-Karte, s. M. Avi-Yonah, The Madaba Mosaic Map. With Introduction and Commentary, Jerusalem 1954, 35–36 Nr. 1; H. Donner, The Mosaic Map of Madaba. An Introductory Guide, Palaestina antiqua 7, Kampen 1992, 37–38 Nr. 1.

[27] Die Ortsbezeichnung wird zum Kirchennamen: που Μελχισεδεκ.

[28] Leider liegen keine Grabungsberichte vor.

[29] G. Foerster, A Cuirassed Bronze Statue of Hadrian, Atiqot 17, 1985, 139–160.

[30] W. Eck/G. Foerster, Ein Triumphbogen für Hadrian im Tal von Beth Shean bei Tel Shalem, JRA 12, 1999, 294–313.

auf dem Weg zum nahen Jordan einst Abraham entlanggezogen und Melchisedek ihm entgegenkommen war (vgl. Gen 14,18–20).

Ferner verwies der Priester auf die Tauftradition im nahen, »200 Schritt« entfernten Ainon hin,[31] worauf Egeria sich zum »cepos tu agiu Iohanni« (»Garten des heiligen Johannes«) begab, um einmal einen neutestamentlichen Erinnerungsort zu besuchen (P. Eger. 15). Dieser könnte eventuell mit der Quelle 'Ain ad-Dair identisch sein.[32]

Von Saloumias zog Egeria nun nicht weiter nach Norden auf der Straße im Jordan-Tal bis zum See Genezaret und von dort auf der Passstraße in die Gaulanitis, sondern folgte weiterhin alttestamentlichen Spuren. So wandte sie sich nach Osten, überquerte den Jordan und zog durch das Wādī al-Yābis. Als nächstes passierte sie Thesbe (P. Eger. 16,1–2), südlich des Wadi gelegen, den Ort des Propheten Elia (vgl. 1Kön 17,1), der mit Mār Ilyās oder dem benachbarten Listib identifiziert werden kann.[33] Dort wurde auch das Grab des Jiftach (vgl. Ri 11–12) lokalisiert.

Im Anschluss beschreibt Egeria ein idyllisches Tal mit einem unermesslichen Strom (P. Eger. 16,2–3), das wohl wiederum mit dem Wādī al-Yābis identisch ist. Ein dort ansässiger Einsiedler erklärte ihr, dies sei das Tal Kerit, in dem sich Elia aus Tischbe während einer Hungersnot aufhielt und ein Rabe ihm Speisen auf Befehl Gottes brachte (vgl. 1Kön 17,6).[34]

Die weitere Passage durch das nördliche Ostjordanland, die Querung des Yarmuk-Tales und den erneuten Aufstieg auf das Plateau der Auranitis werden nicht geschildert. Der Text bricht dann unvermittelt ab, als gerade am Horizont der Hermon sichtbar wird: »Während wir dann Tag um Tag dahinzogen, er-

---

[31] 500 m südlich am Berghang gelegen, s. G. SCHMITT, Siedlungen, 307–308.

[32] M.-J. LAGRANGE, Origène, la critique textuelle et la tradition topographique, RB 4, 1895, 508–510, sah nahebei in al-Fāṭūr noch ein großes Gebäude mit umgestürzten Marmorsäulen, über dessen Funktion aber nichts gesagt werden kann. Ainon ist auf der Madaba-Karte (entstanden nach 543) zweimal verzeichnet, einmal hier und das andere Mal flussabwärts bei Jericho. Also scheinen 150 Jahre nach Egeria beim Erstellen der Karte beide Traditionen noch bekannt gewesen zu sein, während Egeria nur die nördliche kennt; s. M. AVI-YONAH, Madaba Map, 35–36 Nr. 2; 37–38 Nr. 6; H. DONNER, Madaba Map, 37 Nr. 2; 38 Nr. 5.

[33] So auch Eus., On. 102,6. Die Lokalisierung ist nicht sicher, vgl. H. DONNER, Pilgerfahrt, 114 Anm. 119. Ausführlich S. MITTMANN, Beiträge zur Siedlungs- und Territorialgeschichte des nördlichen Ostjordanlandes, ADPV 2, Wiesbaden 1970, 222 Anm. 34.

[34] Egeria muss sich ja wieder nach Norden gewandt haben, wie aus dem Folgenden hervorgeht.

schien uns plötzlich auf der linken Seite ein großer und endlich hoher Berg, der sich weithin ausdehnte ...« (P. Eger. 16,4).[35]

Dann erreichten sie endlich Carneas/Karnaïn (P. Eger. 16,5–7), das heutige Šaih Sa'ād.[36] Es handelt sich um denjenigen Ort, an dem ein Mönch angeblich die Hiob-Tradition begründet hatte. Nach der Überlieferung ließ er im Ort aufgrund einer Offenbarung an einer bestimmten Stelle graben, sodass eine Höhle zutage kam, in der ein großer Stein mit der Inschrift ›Hiob‹ gefunden wurde. Alsbald ließ ein Egeria unbekannter Tribun darüber eine Kirche errichten, unter deren Altar nun »der Stein mit dem Leichnam« (!) ruht, deren Bau zu Egerias Zeit aber noch nicht abgeschlossen war (16,6)[37]. Die Tradition hielt sich ununterbrochen, denn die Schriftsteller al-Mas'ūdī (um 940) und al-Muqaddasī (um 985) erwähnen sie ebenso wie auch al-Yāqūt (um 1225). Es wird aber sicherlich schon eine ältere jüdische Tradition vorliegen, wird doch hier auch der Sitz des Königs Og von Baschan lokalisiert (vgl. Dtn 5,1–11).[38] Auch wird 1Makk 5,42–44 ein Astarte-Heiligtum erwähnt und selbst in römisch-byzantinischer Zeit ist die Umgebung auch jüdisch besiedelt gewesen; im nahen Neue (Nāwa) ist sogar eine spätantike Synagoge nachgewiesen.[39]

Als GOTTLIEB SCHUMACHER 1884 den Ort besuchte, beschrieb er ein Walī, dessen Ostwand sechs Jahre später eingestürzt war und weitere Teile beschädigt waren, sodass das Sonnenlicht auf einen großen Basaltblock fiel, der vor dem Miḥrāb stand. Er erkannte Hieroglyphen und zwei Figuren, woraufhin er im Oktober 1890 noch einmal anreiste, den Stein reinigte und einen Abklatsch nahm. ADOLF ERMAN konnte die Hieroglyphen entziffern und den Stein Ramses II. (1279–1213 v. Chr.) zuschreiben.[40] J. P. VAN KASTEREN, der im selben Jahr ebenfalls das Walī besichtigte, beschrieb es in

---

[35] Hier fehlt eine Seite im Manuskript. – Die Beschreibung »auf der linken Seite« ist irritierend, denn von wo auch immer man, von Süden kommend, die Golan-Höhen betritt, liegt der Hermon in ca. 40 km Entfernung immer *vor* einem, zumal er für den Betrachter quer liegt, von Südwest nach Nordost sich erstreckend.

[36] Zusammenfassend G. SCHMITT, Siedlungen 212–213; wichtige Beobachtungen bei D. KELLERMANN, 'Aštārōt – 'Aštārōt Qarnayim – Qarnayim, ZDPV 97, 1981, 45–61; G. SCHMITT, Die Heimat Hiobs; ZDPV 101, 1985, 61–63.

[37] »Sic stat inperfecta usque hodie«.

[38] TH.M. WEBER, Sculptures from the Southern Syrian Sanctuaries of the Roman Period, in: Y.Z. Eliav/E.A. Friedland/Sh. Herbert (Hg.), The Sculptural Environment of the Roman Near East. Reflections on Culture, Ideology and Power. International Conference at the University of Michigan and the Toledo Museum of Art 2004, Interdisciplinary Studies in Ancient Culture and Religion 9; Leuven/Dudley MA 2008, 385–386 mit älterer Literatur.

[39] Siehe F. HÜTTENMEISTER/G. REEG, Die antiken Synagogen in Israel I. Die jüdischen Synagogen, Lehrhäuser und Gerichtshöfe, TAVO Beiheft B 12,1–2, Wiesbaden 1977, Karte 1; Z. ILAN, Ancient Synagogues in Eretz-Israel, Tel Aviv 1991 (hebr.), 61–113; D. NOY/H. BLOEDHORN, Inscriptiones Judaicae Orientis III. Syria and Cyprus, TSAJ 102, Tübingen 2004, 52–61.

[40] A. ERMAN, Das Denkmal Ramses' II. im Ostjordanland, ZÄS 31, 1893, 100–101.

einem beklagenswerten Zustand.[41] Archäologische Untersuchungen des Walī gibt es leider bislang nicht,[42] sodass alle Fragen zu der Kirche offen bleiben müssen, zumal der Ort unter diesem Namen weder in der Notitia Antiochena[43] noch in Konzilsakten belegt ist.[44].

Die Reisegruppe bat den Bischof am nächsten Tag, das Opfer zu feiern. Nach Kommunion und Segen zog man wieder nach Jerusalem zurück.

3. Petrus Diaconus

Eine andere Reise, die Egeria unternahm, nämlich eine durch Palästinas Norden, durch Galiläa, ist in dem Bericht des Petrus Diaconus, De locis sanctis (1. Hälfte des 12. Jahrhunderts) enthalten. Die dort genannten Orte und Bauten sollen der Vollständigkeit halber genannt werden, auch wenn es fraglich ist, ob Egeria dort schon Memorialstätten angetroffen oder ob Petrus Diaconus diese aus der Sicht seiner Zeit hinzugefügt hat.:

In Kapitel P.3 nennt Egeria zunächst den Ort Schunem mit alttestamentlichen Traditionen[45], dann den (kleinen) Hermon neben dem Tabor und in Kap. P.4 die Siedlung Nain, wo Jesus einen jungen Mann auferweckt haben soll (vgl. Lk 7,11–15). Die für diesen Ort erwähnte Kirche ist aber bislang nicht nachge-

---

[41] Vgl. G. SCHUMACHER, Across the Jordan, being an Exploration and Survey of Part of Hauran and Jaulân. With Additions by L. Oliphant and G. Le Strange, London 1886, 189–196; J. P. VAN KASTEREN, Zur Geschichte von Schêch Saʻd, ZDPV 15, 1892, 196–204. Der Stein ist aus dem lokalen Basalt, über Boden 188 cm hoch erhalten, 112 cm breit und ca 50 cm dick; zum Fund und Verbleib im nahe gelegenen Museum von Derʻa jetzt TH.M. WEBER, Sculptures, 386–388 Abb. 14a. Weber beschäftigte sich mit den paganen Kulten röm. Zeit im südlichen Syrien und konnte eine Anzahl kleinerer Heiligtümer zusammenstellen. Für Carneas/Karnaïn möchte er einen Dionysus-Kult postulieren, wofür einige Statuenfragmente sprechen.

[42] Da der Ort nur wenige Kilometer östlich der israelisch-syrischen Waffenstillstandslinie liegt, ist kaum archäologische Tätigkeit aus jüngster Zeit nachgewiesen; die Beobachtungen der Reisenden in der älteren Literatur können daher nicht archäologisch ›untermauert‹ werden.

[43] Dazu E. HONIGMANN, Studien zur Notitia Antiochena, ByZ 25, 1925, 60–88, 74.80–81.

[44] Der nächste Bischofssitz war im nahen Neue (Nāwa). Hatte der Bischof hier in Carneas/Karnaïn eine zweite Residenz? Oder erscheint der Ort in der Notitia unter anderem Namen? Vielleicht können zukünftige Grabungen einmal die näheren Hintergründe zur Baugeschichte aufklären. Weitere Hiob-Traditionen werden beim 1000 m südlich gelegenen Dair Aijub (Haus des Hiob) kommemoriert, denen auch Christen nachgingen, wie die verschiedenen Kreuzzeichen belegen.

[45] Herkunft der Abisag (vgl. 1Kön 1,3) und Ort der reichen Frau, bei der Elisa auf der Durchreise wohnte (vgl. 2Kön 4,8–10).

wiesen;[46] dann wird Nazareth genannt. Kap. R macht einen Schlenker nach Neapolis zum Jakobsbrunnen mit der Kirche[47] und erwähnt das angebliche Grab des heiligen Joseph;[48] darauf springt der Bericht zurück nach Nazareth an den Marienbrunnen (Kap. T). In Kap. V.1 geht es zum Tabor, der dem (kleinen) Hermon (Ǧabal ad-Dahī) gegenübergestellt wird, und nach En Dor, wo noch die angeblichen Grundmauern des Hauses sichtbar sind, in dem Saul die Nacht verbrachte (vgl. 1Sam 28,7–8). Mit Kap. V.2 ist man in Tiberias am See Genezaret angelangt, wo eine Kirche des Jakobus und Johannes genannt wird; diese ist bis heute aber unbekannt geblieben.[49]

Als nächstes geht die Reise weiter (über den See?) nach Kapernaum. Egeria nennt die Synagoge mit der vorgelagerten Terrasse, die zwar nach dem Erdbeben von 363 n.Chr. wieder aufgebaut ist, aber noch keinen Hof an der Ostseite hat.[50] Das Haus des Petrus sieht sie noch in den Maßen des alten Wohnhauses, aber schon umgebaut im Hinblick auf den Pilgerstrom, also noch nicht die oktogonale Kirche, die erst Mitte des 5. Jahrhunderts errichtet wird.[51] Nach Kap. V.3 wird die Brotvermehrungskirche von Heptapegon[52] besucht und die sieben Quellen besichtigt, ferner eine Höhle, in der Jesus die Seligpreisungen (vgl. Mt 5,3–16) gesprochen haben soll. Egeria nennt auch die Mt 9,9 erwähnte Zollstation des Matthäus (Kap. V.3). Vom Seeufer zieht sie dann den Berg hinauf nach Korazim, zur sog. Verfluchungs-Synagoge (Kap. V.4), in der dem prophetischen Fluch der Siedlung durch Jesus gedacht wird (vgl. Mt 11,21–22 // Lk 10,13–14). In Kap. V.5 werden die Gilboa-Berge beschrieben, dann westwärts der Karmel, ehe sie via Samaria Sebaste (Kap. V.6) wieder nach Jerusalem via Schilo und Bet-El zieht (Kap. V.7).

---

[46] Zur Archäologie Nazarets vgl. G. KROLL, Spuren, 79–92.

[47] Zur christl. Kirche vgl. G. KROLL, Spuren, 197–200.

[48] Vgl. G. KROLL, Spuren, 197 Nr. 5.

[49] Systematische Ausgrabungen finden in Tiberias erst seit einem Jahrzehnt (!) statt, ein Überblick bei Y. HIRSCHFELD, A Guide to Antiquity Sites in Tiberias (Jerusalem 1992) und E. STERN (Hg.), The New Encyclopedia of Archaeological Excavations in the Holy Land V. Supplementary Volume, Jerusalem 2008, 2048–2054.

[50] Zur Synagoge von Kapernaum siehe H. BLOEDHORN, Die Kapitelle der Synagoge von Kapernaum. Ihre zeitliche und stilistische Einordnung im Rahmen der Kapitellentwicklung in der Dekapolis und in Palaestina, ADPV 11, Wiesbaden 1993, und allgemein bei G. KROLL, Spuren, 214–224.

[51] Zum sog. Haus des Petrus vgl. die Darstellung seiner archäologisch erschlossenen Bauphasen bei ST. LOFFREDA, La tradizionale casa di Simon Pietro a Cafarnao a 25 anni dalla sua scoperta, in: Early Christianity in Context. Monuments and Documents, FS E. Testa, hg. v. Fr. Manns/E. Alliata, SBF collectio maior 38, Jerusalem 1993, 37–67.

[52] Dazu G. KROLL, Spuren, 241–248.

4. Fazit

Egeria reiste zwei Generationen nach dem Pilger von Bordeaux (333 n.Chr.) durch das Heilige Land, und beide Pilger erwähnen überwiegend alttestamentarische heilige Stätten.[53] Das ist nicht verwunderlich, denn das Beispiel Jerusalem zeigt, wie wenig neutestamentliche Gedenkstätten erst im vierten Jahrhundert durch Bauten als Gedächtnisort kommemoriert werden konnten: vier Kirchen in Jerusalem und je eine in Bethlehem und Bethanien. Erst ab der Mitte des 5. Jahrhunderts ändert sich das Bild, als nun nicht nur ›betuchte‹ Damen zur Pilgerfahrt aufbrechen, sondern auch ›einfache‹ Pilger in Scharen sich auf den Weg machen. Und deren Wunsch nach Verdinglichung des Lebens Jesu erfordern immer mehr Gedenkorte, sodass bis in das ausgehende sechste Jahrhundert das Heilige Land mit einer Fülle von Kirchenbauten überzogen wird,[54] von denen etwa 500 archäologisch bekannt sind.[55]

Nachtrag

Leider erst nach Abschluss des Artikels erschien der erste Bericht über die Untersuchungen, die DAVID E. GRAVES und SCOTT STRIPLING am Tall al-Ḥammām schon seit 2006 durchführen.[56] Dieser Tall liegt 2500 m nordöstlich vom Tall ar-Rāma am Wādī al-Kafrain. Ihre Identifzierung dieses Ortes mit Livias ist überzeugend, da die Entfernungsangaben von Jericho, Tall Nimrin und Esbous mit Euseb's Angaben übereinstimmen. Außerdem kamen zahlreiche Funde aus römischer und byzantinischer Zeit zutage, darunter ein großer Mosaikboden.

---

[53] Zu den jüd. Pilgerreisen zu Heiligengräbern siehe J. JEREMIAS, Heiligengräber in Jesu Umwelt, Göttingen 1958; zum jüd. Pilgerwesen jetzt auch C. HEZSER, Jewish Travel in Antiquity, TSAJ 144, Tübingen 2011, 365–388. Zu den beiden christlichen Berichten siehe J. WILKINSON, Jewish Holy Places and the Origins of Christian Pilgrimage, in: R. Ousterhout (Anm. 26), 41–53.

[54] Für Jerusalem zusammenfassend KL. BIEBERSTEIN, Jerusalem, in: CHR. MARKSCHIES/H. WOLF (Hg.), Erinnerungsorte des Christentums, München 2010, 64–88.

[55] Eine Übersicht bei A. OVADIAH, Corpus of the Byzantine Churches in the Holy Land, Theophaneia 22, Bonn 1970, mit Nachträgen in Levant 13, 1981, 200–261; Levant 14, 1982, 122–170; Levant 16, 1984, 129–165.

[56] Re-examination of the Location for the Ancient City of Livias, Levant 43, 2011, 178–200.

Ulrich Fellmeth

Anmerkungen zur Religions- und Kirchbaupolitik Kaiser Constantins[1]

In den Beiträgen zum Hohenheimer Symposion »Frühchristliche Pilgerwege ins Heilige Land« ist man wie selbstverständlich davon ausgegangen, dass ein christliches Pilgern in größerem Umfang erst nach der Tolerierung des Christentums durch die Kaiser Galerius (311 n.Chr. – nur in der östlichen Reichshälfte) und Constantin I./Licinius (313 n.Chr. – reichsweit) überhaupt möglich wurde, und dass eine christliche Wallfahrt ins ›Heilige Land‹ erst dann einen Sinn machte, als Kaiser Constantin begann, durch seine Baupolitik dort eine für Christen besuchenswerte Topographie zu schaffen.

Ob und wie die Entstehung einer ›christlichen Topographie‹ im ›Heiligen Land‹ die Christen verstärkt zum Pilgern brachte, wird in einem Beitrag zu Egerias Pilgerreise untersucht.[2] Übrig bleiben einige Fragen, die eng mit der Person des Flavius Valerius Constantinus und der Politik des Kaisers Constantin zusammenhängen, etwa:
- War Kaiser Constantin ein Christ und wenn ja, seit wann?
- Und wenn Constantin ein Christ war, welchen Einfluss hatte seine religiöse Einstellung auf seine Religionspolitik als Kaiser?
- Schließlich: Wenn es bei der kaiserlichen Herrschaft Constantins einen engen Zusammenhang zwischen Religions- und der Baupolitik gibt – bevorzugte er durch Bauten die christliche Religion, konzentrierte er sich auf bestimmte Regionen des Reichs, etwa auf das ›Heilige Land‹?

---

[1] Genutzte, aber im Folgenden nicht ausdrücklich zitierte Literatur: T.D. BARNER, Constantine: Dynasty, Religion and Power in the Later Roman Empire, Oxford 2011; J. BLEICKEN, Constantin der Große und die Christen, München 1992; BR. BLECKMANN, Konstantin der Große, Reinbek [5]2007; M. CLAUSS, Konstantin der Große und seine Zeit, München [4]2009;A. DEMANDT/J. ENGEMANN, (Hg.), Konstantin der Große. Imperator Caesar Flavius Constantinus, Mainz 2007 (Katalog zur Konstantinausstellung); DIES. (Hg.), Konstantin der Große. Geschichte – Archäologie – Rezeption, Rheinisches Landesmuseum, Trier 2006; A. GOLTZ/H. SCHLANGE-SCHÖNINGEN (Hg.), Konstantin der Große. Das Bild des Kaisers im Wandel der Zeiten, Deutscher Historikertag, Köln 2008; E. MÜHLENBERG (Hg.), Die Konstantinische Wende, Gütersloh 1998; CH.M. ODAHL, Constantine and the Christian Empire, London [2]2010; H. SCHLANGE-SCHÖNINGEN (Hg.), Konstantin und das Christentum, Darmstadt 2007; R. VAN DAM, The Roman Revolution of Constantine, Cambridge 2007; J. VOGT, Constantin der Große und sein Jahrhundert, München [2]1960.

[2] S. oben H. BLOEDHORN, Egerias Reisen im Heiligen Land – eine christliche Pilgerin auf jüdischen Spuren.

Die erste Frage ist gar nicht leicht zu beantworten; diese Einschätzung legt die aktuelle Forschungsdiskussion nahe. Der Diskurs in der Forschung zur ›Constantinischen Wende‹, zur Hinwendung des Kaisers zum Christentum, kann hier nicht in extenso wiedergegeben werden. Zu verweisen ist diesbezüglich auf die ausführliche und abgewogene Darstellung bei ELISABETH HERRMANN-OTTO.[3] Es scheint klar zu werden, dass Constantin irgendwann zwischen 312 und 324 tatsächlich eine persönliche Hinwendung zum Christentum vollzogen hat. Umstritten bleibt jedoch, ob der Weg dorthin über den Sol-Kult verlief und ob der persönliche Glaube Constantins jederzeit das ›reine christliche Glaubensbekenntnis‹ widerspiegelte. Diese Feststellung mag uns im vorliegenden Zusammenhang zunächst genügen.

Weit interessanter ist nun die Frage, ob der persönlich zu einer wie auch immer ausgeprägten Form des Christentums konvertierte Constantin in seiner Politik die Weichen für eine Privilegierung der christlichen Religion und der Kirche gestellt hat.

Beginnen wir mit der Übereinkunft von Mailand: Man sollte sich darüber im Klaren sein, dass die Übereinkunft zwischen Licinius und Constantin im Jahre 313 erstens lediglich eine Bekräftigung und Operationalisierung der Anordnung war, die Kaiser Galerius schon zwei Jahre zuvor für den östlichen Reichsteil erlassen hat, und dass zweitens damit lediglich die Verfolgung der Christen für beendet erklärt wurde. Das Christentum wurde als Religion, ebenso wie die alten bisherigen Religionen als *licitus*, als erlaubt anerkannt. Man könnte die Übereinkunft durchaus als eine Aufnahme des Christengottes in den offiziellen Götterhimmel der Römer bezeichnen. Nach den beiden literarischen Überlieferungen dieser Vereinbarung,[4] die als weitgehend authentisch anzusehen sind, wurden die Christen fortan als Kult betrachtet, der der öffentlichen Wohlfahrt und Sicherheit des Reiches dient. Hier klingt noch ein wenig der Ton des Toleranzediktes von Galerius nach: Jener hatte die vorausgegangenen Christenverfolgungen mit staatsgefährlichen Irrungen der Christen verteidigt – nun aber, da die Christen von ihren (staatsgefährdenden) Irrtümern abgelassen hätten, stünde einer Tolerierung nichts mehr im Wege.[5]

Aufhorchen lässt der Vorwurf des Staatsverbrechens an die Christen. In diesem Vorwurf steckt ein religionspolitisches Problem, das die Gemüter noch lange erhitzen sollte. Im Verlauf des dritten Jahrhunderts war es immer stärker zu einer religiösen Legitimierung des Kaisertums gekommen.[6] In der Tetrarchie

---

[3] E. HERRMANN-OTTO, Konstantin der Große, Darmstadt ²2009, 42–48.
[4] Lact., mort. pers. 48,2–11; Eus., HE 8,17,3–10.
[5] Vgl. Lact., mort. pers. 34.
[6] Vgl. etwa Kaiser Aurelian (reg. 270–274 n.Chr.), er machte Sol invictus zum Reichsgott, der direkt die Herrschaft des Kaisers stützen sollte.

war die religiöse Legitimierung des Kaisertums geradezu normiert worden: Die Kaiser wurden durch Epitheta zu Söhnen von Göttern erklärt. Diokletian wurde zum Sohn des Jupiter (*Iovius*), Maximian zum Sohn des Herkules (*Herculis*). Doch nicht nur die Augusti, auch die nachgeordneten Caesares wurden zu Göttersöhnen, Constantius Chlorus wurde dem Sonnengott Sol zugeordnet und Galerius dem Kriegsgott Mars. Auch wenn umstritten ist, ob in dieser Regelung ein Gottkaisertum oder lediglich ein Gottesgnadentum zu sehen ist, so ist der machtpolitische Nutzen unübersehbar. Die wichtigsten Götter waren gewissermaßen schon ›besetzt‹, Usurpatoren hatten große Schwierigkeiten, sich auf zugkräftige Gottheiten zu berufen. War dadurch die Tetrarchie nach außen geschützt, so regelte die jeweilige Prominenz der Götter das Autoritätsgefälle innerhalb der Tetrarchie. An erster Stelle stand der Sohn Jupiters, gefolgt vom Sohn des Herkules, jenen eindeutig untergeordnet waren Sol und Mars.[7]

Wenn nun aber pagane Religion ein integrativer Teil der Legitimation des Kaisertums war, so musste die monotheistisch begründete intolerante Ablehnung der paganen Kulte durch die Christen als eine Nichtanerkennung der Legitimität des Kaisertums verstanden werden – Hochverrat also. Doch ist dieses Problem durch die Übereinkunft von Mailand keineswegs gelöst worden. Die einzige Lösung aus Sicht der Christen wäre gewesen, die kaiserliche Autorität begründet sich christlich. Diese ›christlichen‹ Kaiser hätten dann aber, dem monotheistischen Anspruch auf Ausschließlichkeit folgend, die paganen Kulte verdrängen müssen. Im Lauf des vierten Jahrhunderts kam es dann tatsächlich zu einer so gearteten Entwicklung. Bis zum Lebensende Constantins im Jahre 337 n.Chr. kann davon aber nicht im Entferntesten die Rede sein. Weder im Jahre 312 noch in der Zeit der Alleinherrschaft im Reich ab 324 hat Constantin eine Religionspolitik verfolgt, die auf eine Verdrängung der paganen Kulte abzielte.

Wie sah sie nun aus, die Religionspolitik Constantins? Da wäre zunächst eine Reihe von prochristlichen Gesetzen zu nennen[8], wenngleich nicht klar ist, ob diese zumeist von den (christlichen) Kirchenvätern überlieferten Gesetze von jenen nicht in ihrem Sinne frühdatiert und überbewertet worden sind. Da wäre das Eingreifen des Kaisers in innerkirchliche Auseinandersetzungen zu erwähnen, im Donatistenstreit (erfolglos) oder im Streit um den Arianismus (weitgehend erfolglos).[9] Auch einzelne politische Maßnahmen gegen pagane

---

[7] Vgl. hierzu K. Piepenbrink, Konstantin der Große und seine Zeit, Darmstadt ³2010, 8–11.

[8] Vgl. etwa H. Brandt, Konstantin der Große. Der erste christliche Kaiser, München ³2011, 80–85, 91–93; K. Piepenbrink, Konstantin, 85–88, 100–115; Kl.M. Girardet, Der Kaiser und sein Gott. Das Christentum im Denken und in der Religionspolitik Konstantins des Großen, Berlin/New York 2010, 124–137.

[9] Zum Donatistenstreit vgl. E. Herrmann-Otto, Konstantin, 80–93; K. Piepenbrink, Konstantin, 88–90; H. Brandt, Konstantin, 52–76; Zum Arianismusstreit vgl. E. Herrmann-Otto, Konstantin, 118–134; K. Piepenbrink, Konstantin, 91–96; Dokumente zum

Kulte sind bekannt, so etwa vereinzelte antipagane Gesetze[10] oder die Zerstörung des Aphrodite-Kultes im phönizischen Aphaka[11] oder des Asklepios-Heiligtums im kilikischen Aigai[12] – freilich kann in diesen Fällen auch lediglich ein Vorgehen gegen als besonders empörend empfundenes heidnisches Kultgebaren (etwa Tempelprostitution im phönizischen Aphrodite-Heiligtum) angenommen werden. Ein konsequentes, flächendeckendes und lang andauerndes Vorgehen gegen pagane Kulte können wir unter Constantin jedenfalls nicht erkennen. Zusammengenommen kann man allenfalls von einer äußerst vorsichtigen Bevorzugung der Christen durch Constantin sprechen.

Andererseits erschüttern nicht wenige Indizien die Vorstellung vom streng christlich eingestellten Kaiser Constantin. So ist sowohl die Inschrift als auch das Bildprogramm auf dem 315 n.Chr. vom Senat gestifteten Constantinsbogen alles andere als christlich.[13] Auch stellen Münzprägungen, ebenso wie übrigens der Constantinsbogen und die Statue der Constantinsäule in Konstantinopel[14], den Kaiser in eine Verbindung mit *Sol invictus*.[15] Dazu kommt die Duldung von Ehreninschriften, die Constantin mit *Sol invictus* in Verbindung bringen[16]. Eine gewisse Nähe Constantins zum henotheistischen Sol-Kult ist, wenigstens bis 324, unverkennbar.

Schwerer wog aus Sicht der Christen, dass Constantin ganz offenbar nicht gewillt war, den monotheistischen Anspruch des Christentums durchzusetzen. Eusebius zitiert eine Äußerung Constantins im Jahre 324 n.Chr.:

Die gleiche Gabe von Frieden und Ruhe wie die Gläubigen sollen auch die Irrenden freudig erhalten. Denn diese süße Gemeinschaft wird auch jene aufrichten und auf den rechten Weg zu führen vermögen. Keiner soll den anderen belästigen; mag jeder das haben, was seine

---

Donatisten- und Arianismusstreit vgl. V. KEIL, Quellensammlung zur Religionspolitik Konstantins des Großen, Darmstadt 1989, 72–145.

[10] Zusammengestellt bei KL.M. GIRARDET, Die konstantinische Wende, Darmstadt ²2007, 121–132.

[11] Eus., vita Const. III 55,4.

[12] Eus., vita Const. III 56,1.

[13] Vgl. H. BRANDT, Geschichte der römischen Kaiserzeit. Von Diokletian und Konstantin bis zum Ende der konstantinischen Dynastie (284–363), Berlin 1998, 130–132; K. PIEPENBRINK, Konstantin, 40; H.G. THÜMMEL, Die Wende Constantins und die Denkmäler, in: E. MÜHLENBERG (Hg.), Die Konstantinische Wende, Gütersloh 1998, 144–185, 145–149; anders: KL.M. GIRARDET, Kaiser, 83–88.

[14] Vgl. zur Constantinsäule und deren Deutung E. HERRMANN-OTTO, Konstantin, 150; K. PIEPENBRINK, Konstantin, 119; H. BRANDT, Konstantin, 140–142; anders: H.G. THÜMMEL, Wende, 181–182.

[15] Vgl. K. PIEPENBRINK, Konstantin, 40; H. BRANDT, Konstantin, 94–96 (bis ins Jahr 325 n.Chr.!); H.G. THÜMMEL, Wende, 150–153.

[16] Vgl. H. BRANDT, Konstantin, 126–128.

Seele verlangt, und es so halten. Die Gutgesinnten müssen aber überzeugt sein, dass allein diejenigen heilig und rein leben werden, die Du [Gott] selbst rufst, in Deinen heiligen Gesetzen zu ruhen. Die sich aber entziehen wollen, sollen die Heiligtümer ihres Truges nach ihrem Willen haben; wir besitzen das strahlende Haus Deiner Wahrheit, das Du in Übereinstimmung mit der Natur gegeben hast. Dieses erbitten wir auch für jene, damit nämlich durch die gemeinsame Eintracht auch sie sich das erwerben, was sie begehren.[17]

Wenn man den antiheidnischen Ton, der durchaus auch eine Zutat des Eusebius sein könnte, abzieht, so bleibt eine vollständige Sicherung der paganen Kulte übrig. Lediglich wird auf die Hoffnung gesetzt, die Anhänger der paganen Kulte ließen sich langfristig doch zum Christentum bekehren. Nein, ein Durchsetzen des intoleranten christlichen Alleinstellungsanspruchs ist das wirklich nicht – und dies im Jahre 324, als Constantin den Gipfel der weltlichen Macht erreicht hatte. Vielmehr schimmert ein Missionsgedanke auf, der auf intoleranten Zwang vollständig verzichtet.

Man fragt sich unwillkürlich: Hatte der Kaiser einen der wichtigsten Grundpfeiler seiner Religion gar nicht verstanden? Neben dieser – durchaus auch diskutierten – Erklärung[18] hält die Forschung mehrere weitere Antworten bereit. So wird Constantin als ein Kaiser gesehen, der sich in einer Jahrhunderte alten polytheistischen Tradition stehend empfand. Speziell sein Amt als *pontifex maximus* habe ihn zur Wahrung aller Kulte im Reich verpflichtet. Wenn man zudem bedenkt, dass im Reich zur Zeit Constantins maximal 10% der Bevölkerung überhaupt christlich war,[19] so wiegt diese Aufgabe besonders schwer. Überdies habe der Kaiser Constantin keinesfalls auf die Unterstützung der Eliten des Reichs verzichten können. Jene, die städtischen Führungsschichten und das Militär, seien jedoch überwiegend nichtchristlich gewesen. Zumindest Eusebius erkennt all diese Rücksichtnahmen an:

So war es ganz natürlich, dass er [Constantin], als er einmal Bischöfe gastlich bewirtete, die Bemerkung fallen ließ, auch er sei ein Bischof, und, wie wir selbst hörten, ungefähr so zu ihnen sagte: ›Ihr seid Bischöfe derer, die sich innerhalb des Bereiches der Kirche befinden, ich aber bin wohl von Gott zum Bischof über diejenigen bestellt worden, die sich außerhalb befinden.‹ In Übereinstimmung mit diesem Diktum war seine Gesinnung, und er übte bischöfliche Aufsicht über alle Untertanen aus und trieb sie dazu an, soweit es in seiner Macht stand, ein gottgefälliges Leben zu führen.[20]

Der Kaiser Constantin hatte also andere Intentionen als der Mensch Constantin. Einmal abgesehen davon, dass es spätantiken Vorstellungen ganz und gar zuwider laufen würde einen Gegensatz zwischen Machtpolitik und Religion zu konstruieren, scheint Constantin, obwohl persönlich Christ, sehr prag-

---

[17] Eus., vita Const. II 56, 1–2, zit. n.: H. BRANDT, Konstantin, 124.
[18] Anders sieht dies KL.M. GIRARDET, Wende, 101–117.
[19] Vgl. KL.M. GIRARDET, Wende, 82, Kaiser, 138.
[20] Eus., vita Const. IV 24, zit. n.: H. BRANDT, Konstantin, 131.

matisch das Wohl des Reichsganzen und die Erhaltung seiner kaiserlichen Macht ins Zentrum seiner Politik als Kaiser gerückt zu haben. HARTWIN BRANDT hat dafür einen originellen Begriff geprägt: Constantin als ein Vertreter eines spätantiken »Christentum light«[21].

Die oben angesprochene Problematik der Nichtdurchsetzung des monotheistischen Anspruchs der christlichen Religion hat jedoch noch einen weiteren, durchaus machtpolitischen Aspekt. Constantin scheint aus den oben genannten Gründen der Versuchung widerstanden zu haben, seine Monarchie durch einen reichsweit durchgesetzten Monotheismus legitimieren zu wollen. Jedenfalls glaubte Eusebius in seiner Rede zum 30jährigen Thronjubiläum Constantins (335 n.Chr.) jenem den Zusammenhang von Monarchie und monotheistischem Christentum deutlicher denn je ins Stammbuch schreiben zu müssen. So wie es nur einen Gott gebe, so könne eben auch nur ein Herrscher zum Wohle des Reiches walten – die Erfahrung habe doch gezeigt, dass die Mehrkaiserherrschaft in blutige Bürgerkriege münde.[22] Ganz offenbar hatte Constantin davon Abstand genommen, diese Möglichkeit der religiösen Legitimierung seiner kaiserlichen Herrschaft zu nutzen. Unter seinen Nachfolgern sollte sich dies dann ändern.

Wenn nun auch der Kaiser Constantin überwiegend nach anderen Maßstäben als den christlichen handelte, so wirkte der irgendwie zu einer gewissen Form des Christentums zugeneigte Mensch Constantin aber doch religionspolitisch. Er brachte sein persönliches Christsein durchaus öffentlich zum Ausdruck. Sowohl die Münzprägungen mit eindeutig christlichen Symbolen[23] als auch sein Eingreifen in innerkirchliche Konflikte boten ihm Möglichkeiten hierzu. Am allerdeutlichsten wurde Constantins religiöse Orientierung aber im Kirchenbau zum Ausdruck gebracht.

Dabei war zunächst ein theologisches Problem aus dem Weg zu räumen.[24] Im Epheserbrief, einer nachpaulinischen Schrift mit einer ausgeprägten ekklesialen Theologie, heißt es:

So seid ihr nun nicht mehr Gäste und Fremdlinge, sondern Mitbürger und Heilige und Gottes Hausgenossen, erbaut auf dem Grund der Apostel und Propheten, da Jesus Christus der Eck-

---

[21] Vgl. H. BRANDT, Konstantin, 90.

[22] Eus., Triakontaeterikos, passim; Laus Constantini, III 6.

[23] Jene sind aber eher selten – vgl. H.G. THÜMMEL, Wende, 152–153. Zum Silbermedaillon von Ticinum (315 n.Chr.) vgl. H. BRANDT, Kaiserzeit, 135–137; H.G. THÜMMEL, Wende, 153–156, 165–171.

[24] Vgl. Näheres in diesem Band bei U. MELL, Von elitärer zu öffentlicher Heiligkeit – Beobachtungen zu einem frühchristlichen Paradigmenwechsel.

stein ist, auf welchem der ganze Bau ineinandergefügt wächst zu einem heiligen Tempel in dem Herrn, auf welchem auch ihr miterbaut werdet zu einer Behausung Gottes im Geist.[25]

Damit ist nichts anderes als die *ecclesia spiritualis*, die Gemeinschaft der Christen, als das Haus Gottes angesprochen. Im Gegensatz zu den paganen Kulten oder dem Judentum kannte das Urchristentum keine Heiligkeit von Orten oder Bauten, insbesondere wurde der Tempelkult schärfstens abgelehnt. Diese Haltung war bis in constantinische Zeit gültig. Clemens von Alexandria meinte um 200 n.Chr.:

Ist es denn nicht richtig und wahr, dass wir den, der durch nichts begrenzt werden kann, nicht auf irgendeinen Raum beschränken, und das, was alles in sich schließt nicht in Tempel einschließen, die ›von Menschenhand‹ gemacht sind?[26]

Und auch noch Laktanz (250–325 n.Chr.) machte an mehreren Stellen seiner Schriften darauf aufmerksam, Gottes wahrer Tempel sei die *ecclesia*, und jene befände sich nicht innerhalb irgendwelcher Mauern, sondern in den Herzen und im Glauben der Christengemeinde.[27] Und nun werden unter Constantin mehrere Kirchenbauten errichtet, die zudem nicht nur Versammlungsorte der Christen sein,[28] sondern als kaiserliche Prachtbauten der Missionierung dienen sollten[29] und durchaus Anspruch auf örtliche Heiligkeit erhoben. So erklärte der Kaiser, nach Eusebius, im Jahre 326 n.Chr. dem Bischof Makarius von Jerusalem den Bau der Grabeskirche folgendermaßen:

Was nun, wie ich glaube, allen bekannt ist, davon möchte ich auch ganz besonders dich überzeugt wissen; dass mir mehr als allem anderen daran liegt, diesen heiligen Ort mit den herrlichen Bauten zu schmücken, [...] jenen Ort, der schon von Anfang an und nach dem Beschluss Gottes geheiligt war, jedoch noch heiliger geworden ist, seit er das Zeugnis für das Leiden des Heilands ans Licht gebracht hat.[30]

Welch ein Gegensatz zu der bislang geübten Lehrmeinung! Eusebius wird deshalb auch eine gewisse theologische Akrobatik abverlangt, dies alles zu erklären:

Der Kaiser [ließ] den Sieg unseres Erlösers über den Tod mit reicher und großartiger Pracht verherrlichen, so dass leicht dieser Bau jenes von prophetischen Aussprüchen verkündete

---

[25] Eph 2,19–22, vgl. auch Mk 13,1f; Joh 4,19–24; Phil 3,20; Apk 21,22.
[26] Clem. Al., strom. VII 5, zit. n.: U. SÜSSENBACH, Christuskult und kaiserliche Baupolitik bei Konstantin, (Diss.) Bonn 1977, 88.
[27] Lact., inst., besonders IV 13, 26.
[28] Solche Versammlungsorte gab es natürlich, die sog. Hausgemeinden, vgl. U. MELL, Christliche Hauskirche und Neues Testament. Die Ikonologie des Baptisteriums von Dura Europos und das Diatessaron Tatians, NTOA 77, Göttingen 2010, 33–57. Doch waren dies private Räume, in denen sich die Christen versammelten, keineswegs heilige Orte.
[29] Vgl. U. SÜSSENBACH, Christuskult, 84.
[30] Eus., vita Const. III 30, zit. n. U. SÜSSENBACH, Christuskult, 105.

neue, zweite Jerusalem sein kann, über das große, vom göttlichen Geiste eingegebene Weissagungen so viel Herrliches verkünden.[31]

Es kann kein Zweifel daran bestehen, dass Constantin die Tür geöffnet hat zur Akzeptanz von herausragenden ›heiligen Orten‹ und zur Anerkennung des christlichen Sakralbaus durch die Christen – und er hat jenem christlichen Sakralbau auch noch eine verbindliche Form gegeben. Aus der Kombination von vorhandenen profanen architektonischen Komponenten, wie Apsis, Seitenschiffe und Atrium, wurde ein Typus des christlichen Kultraumes geschaffen, der fortan – als ›christliche Basilika‹ – normativen Charakter haben sollte. Dabei spielt es hier keine so herausragende Rolle, ob der Kaiser nur die monumentale Formensprache und die Ausstattung der Kirchen im Auge hatte oder ob er nicht doch auch die Typologie und die Funktionen mitgestaltete.[32] Wichtig ist im Zusammenhang mit dem Anwachsen der Pilgerbewegung im vierten Jahrhundert vielmehr, dass ein genuin christlicher Bautyp geschaffen wurde, dem zudem eine gewisse Heiligkeit als Ort und Bauwerk zugestanden wurde. Und diese, nun als christlich verstandenen Bauten, entstanden im ganzen Reich. Dabei verließ Constantin keineswegs traditionelle Bahnen, auch seine Vorgänger betrachteten es als selbstverständliche Pflicht des *princeps* durch Stiftung von Kultstätten ihre kaiserliche Autorität zu demonstrieren. Doch Constantin stiftete eben vorwiegend christliche Kirchen. Hierdurch dürfte den Reichsbewohnern die religiöse Ausrichtung des Kaisers durchaus klar geworden sein.

Interessant ist die regionale Verteilung der constantinischen Kirchenbauten. Nach der Bestandsaufnahme von SIBLE DE BLAAUW[33] hat Constantin einen – literarisch belegten – Anteil an 22 Kirchenbauten. Eine graphische Aufbereitung der Liste bei DE BLAAUW und zwar nach Diözesen geordnet, ist nun außerordentlich aufschlussreich.

Zunächst fällt auf, dass wichtige, schon früh christianisierte Regionen wie Südspanien, Norditalien oder das südliche Kleinasien gar nicht bedacht wurden. Das starke christliche Zentrum in Nordafrika scheint unterrepräsentiert. Dominierend ist neben der Region Süditalien mit einem deutlichen Schwerpunkt in Rom eben nicht Thrakien/Kleinasien mit der Mitte Konstantinopel, sondern die Diözese *Oriens* mit einem signifikanten Schwerpunkt im ›Heiligen Land‹. Dieser Befund ist überraschend. Zwar hatte Constantin gewiss nicht die Absicht, mit seiner neuen, christlichen Stadt, die er über dem alten Byzantion erbauen ließ, Rom als der Hauptstadt des Reiches den Rang abzulaufen. Es sollte eben

---

[31] Eus., Vita Const. III 33, zit. n. U. SÜSSENBACH, Christuskult, 78; vgl. auch Vita Constantini, IX 16.

[32] Vgl. S. DE BLAAUW, Konstantin als Kirchenstifter, in: A. DEMANDT/J. ENGEMANN (Hg.), Konstantin der Große. Imperator Caesar Flavius Constantinus, Mainz 2007, 163–172.

[33] S. DE BLAAUW, Konstantin, 163f.

eine Rom nachgeordnete, weitere Metropole des Reiches werden.[34] Dass jedoch in Constantins Stadt nur bei einer Kirche (der Apostelkirche) die Beteiligung des Kaiserhauses literarisch belegt ist, wirkt doch ein wenig befremdlich.[35]

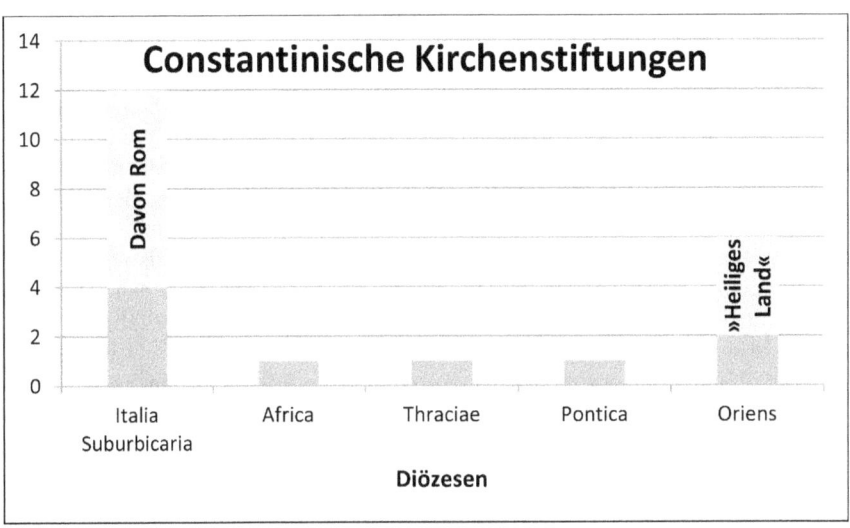

Abbildung 1: Constantinische Kirchenstiftungen nach Diözesen geordnet

Umso mehr springt dann der Kirchenbauschwerpunkt im ›Heiligen Land‹ (neben den Kirchen in Antiochia und Heliopolis – den anderen beiden Kirchenbauten in der *Diözesis Oriens*) ins Auge. Es scheint, als habe Constantin (und seine Mutter Helena) hier einen besonderen Akzent setzen wollen. Was mag den Kaiser zu dieser Kirchenbaupolitik im ›Heiligen Land‹ bewogen haben?

Es mögen zwei Gründe in Erwägung gezogen werden. Zum einen kann durchaus der oben schon angeklungene – eigentlich pagane oder jüdische –

---

[34] Vgl. H. BRANDT, Konstantin, 136–145; etwas vorsichtiger E. HERRMANN-OTTO, Konstantin, 148–153.

[35] Selbst wenn man, wie in der Literatur häufig angenommen (etwa E. HERRMANN-OTTO, Konstantin, 150; K. PIEPENBRINK, Konstantin, 119; H. BRANDT, Konstantin, 140–142; anders H.G. THÜMMEL, Wende, 181–182), die Eirenenkirche ebenfalls als einen constantinischen Kirchenbau ansehen will (obwohl dies nicht belegt ist), so fällt der Kirchenbau in Konstantinopel dennoch gegenüber dem in Rom und im ›Heiligen Land‹ deutlich ab.

Gedanke eine Rolle gespielt haben, nach dem bestimmte Orte und Bauten fortan auch bei den Christen eine ihnen innewohnende Heiligkeit haben können. Für einen Christen sind dann aber die Orte des Heilsgeschehens von besonderem Interesse. Und wenn Kirchenbauten eine Heiligkeit erhalten sollen, dann kann jene doch zuallererst von der Heiligkeit der jeweiligen Orte genährt werden, an denen sie erbaut werden.[36] So gesehen spricht alles für einen Schwerpunkt des Kirchenbaus in Palästina.

Die auffällige Bereitschaft des Eusebius, diese theologische Kehrtwendung mitzutragen, könnte einen Hinweis auf einen weiteren Grund geben. Gerade in Palästina befand sich die Minderheit der Christen in scharfer Konkurrenz mit dem dominierenden Judentum. Wenn nun Eusebius im Zusammenhang mit dem Bau der Grabeskirche argumentiert, das Himmlische Jerusalem der Christen solle ein Abbild im irdischen Jerusalem erhalten und zwar anstelle des altberühmten Jerusalem, das nach der schrecklichen Ermordung Christi die Frevel seiner Bewohner mit Zerstörung hatte büßen müssen,[37] so könnte damit ein religionspolitischer Akzent Constantins angedeutet sein. Bei grundsätzlicher Tolerierung des Judentums[38] könnte der Christengemeinde im nun als heilig aufgefassten Land ein gewisser Standortvorteil verschafft worden sein.

Zusammenfassung

Constantins Umgang mit christlichem Gedankengut war in seiner Religionspolitik eher ein pragmatischer, denn ein dogmatischer. Überhaupt scheint der Kaiser auf den jahrhundertealten, mit dem Herrscherkult eng verknüpften, polytheistischen römischen Götterhimmel große Rücksicht genommen zu haben. So verzichtete er auch – unter Nichtbeachtung des monotheistischen Anspruchs der Christen, aber ganz im Sinne seines Machterhalts – auf eine Verfolgung der paganen Kulte und setzte vielmehr auf eine Missionierung ohne Zwang. Im Rahmen dieser Missionierung ist auch die Kirchbaupolitik zu sehen. In der Tradition der kaiserlichen (Pracht-) Baupolitik schuf er aus vorhandenen profanen Architekturkomponenten einen genuin christlichen Bau. Besonders aber durch seine Abkehr von der vorherrschenden christlichen Ablehnung des Orts- und Tempelkultes war es ihm möglich, die Verehrung hei-

---

[36] Man erinnere sich an den oben auszugsweise zitierten Brief Constantins an Makarius von Jerusalem.
[37] Eus., vita Const. III 33.
[38] Vgl. hierzu K.L. NOETHLICHS, Die Stellung der Juden in der konstantinischen Gesellschaft, in: A. DEMANDT/J. ENGEMANN (Hg.), Konstantin der Große. Imperator Caesar Flavius Constantinus, Mainz 2007, 228–230; KL.M. GIRARDET, Wende, 117–121; H. BRANDT, Kaiserzeit, 37, 142f.

liger Orte zu fördern und heilige Bauten zu schaffen, zu denen zu pilgern überhaupt erst einen Sinn ergab. Seine auffällige diesbezügliche Schwerpunktsetzung in Palästina machte gewissermaßen aus Palästina erst das ›Heilige Land‹, in das zu pilgern im Laufe des vierten Jahrhunderts immer attraktiver wurde.

Ulrich Fellmeth

Die frühchristlichen Pilgerberichte

und die historisch-geografische Realität

Dem Reisenden in der römischen Antike standen verschiedene Verkehrsmittel und Verkehrswege zur Verfügung: Man reiste zu Fuß, zu Pferde oder in einem Wagen über die berühmten römischen Straßen, auf einem Kahn über ein Binnengewässer oder per Schiff übers Meer.

Namentlich Händler nutzten gerne schiffbare Binnengewässer (Seen und Flüsse) für den Transport schwerer Waren, denn auf der Straße war der Warenverkehr um ein Vielfaches teurer. Deshalb wurden die weithin schiffbaren Flüsse in Spanien, Gallien und Germanien, in Italien der Po, im Balkan die Donau und in Ägypten der Nil für den Warentransport genutzt. Flussabwärts ließ man sich von der Strömung treiben, flussaufwärts wurden die Kähne gerudert, getreidelt (d.h. vom Ufer aus gezogen) oder es wurde – wie auf dem Nil noch heute üblich – gesegelt. Gesegelt und gerudert wurde natürlich auch beim Transport über größere Seen. Obwohl wir wenig über die Nutzung von Kähnen auf Binnengewässern für den Personentransport wissen, werden Reisende wohl kaum auf diese bequemen Transportmittel verzichtet haben. Sie stiegen, gegen ein gewisses Transportentgelt, in den Flusshäfen bei den Kähnen zu, mussten aber an Deck der Kähne schlafen und für den Proviant während der Reise selbst sorgen.

Weit interessanter war für römische Fernreisende die Nutzung der Seeschifffahrt.[1] Sie war kaum mit körperlichen Strapazen verbunden, schnell und letztendlich auch günstig. Zunächst konnte die weit verbreitete Küsten-

---

[1] Zu Seereisen und Seeschifffahrt in der Antike allgemein vgl. L. CASSON, Die Seefahrt in der Antike, München 1976; DERS., Reisen in der Alten Welt, München 1979; D. HÖCKMANN, Antike Seefahrt, München 1985; M. SCHAUTA, Die ersten Jahrhunderte christlicher Pilgerreisen im Spiegel spätantiker und frühmittelalterlicher Quellen, Grazer altertumskundliche Studien 10, Frankfurt u.a. 2008, 24–27; H. SCHNEIDER, Landtransport und Schifffahrt, in: D. Hägermann/H. Schneider (Hg.), Propyläen Technikgeschichte, Bd. 1, Berlin 1997, 244–261; H. WARNECKE, Art. Schiffahrt und Art. Schiffahrtswege, in: Mensch und Landschaft in der Antike. Lexikon der Historischen Geographie, Stuttgart 1999, 438–442 + 442–446; M. GIEBEL, Reisen in der Antike, Darmstadt 1999, 151–157. – Zu Seereisen im Zusammenhang mit den Pilgern vgl. M. SCHAUTA, Pilgerreisen, 24–27.

schifffahrt Alternativen zu den entlang der Küste verlaufenden Straßen bieten. Waren die Reiseziele weiter entfernt, so rückte die Schifffahrt übers Meer in den Blickpunkt, hier war die direkte Linie verlockend. Den Vorteilen einer Seereise standen aber auch schwerwiegende Nachteile gegenüber. Eine Schiffsreise barg immer ein erhöhtes Risiko. Die Menge der im Mittelmeer gefundenen Schiffswracks zeigt, wie leicht man bei Reisen übers Meer nicht nur Hab und Gut, sondern auch das Leben verlieren konnte. Stürme, Seeräuberei und Kriege waren die wichtigsten Risikofaktoren in der Seeschifffahrt.

Überdies war es selbst in großen Häfen, wie etwa Gades (Cadiz), Massalia (Marseille), Ostia (bei Rom), Ephesus, Alexandria und Karthago in Nordafrika wohl selten so, dass man sofort ein Schiff besteigen konnte, das an das Reiseziel segelte. Manchmal musste man sehr lange auf die Passage warten und zudem musste man sich unter Umständen mit Zwischenstopps in diversen anderen Häfen abfinden, denn man reiste auf Handelsschiffen. Es gab, von wenigen schnellen Militärschiffen *(liburnae)* für die kaiserliche Post und staatliche Würdenträger abgesehen, in der römischen Antike keine Schiffe für den Personentransport. Auf einem Handelsschiff befanden sich die einfachen Passagiere die ganze Reise über an Deck, mussten für den Schutz gegen die Witterung und für ihren Proviant selbst sorgen. Nur ganz begüterte Reisende durften hoffen, eine eigene Kabine beziehen zu können.

Aus Furcht vor Stürmen wurde in der antiken mediterranen Seeschifffahrt in der Regel nur in den Sommermonaten gesegelt, also von März bis Oktober. Wollte oder musste jemand im Winter reisen, so schied die Schiffspassage in den meisten Fällen aus.[2] Überdies – schnell war die Passage im Mittelmeer nur in West-Ost-Richtung. Römische Schiffe verfügten über eine sogenannte Quertakelung. Mit dieser Takelung konnte man sehr gut mit dem Wind segeln, gut auch noch quer zum Wind, das Kreuzen gegen den Wind war aber ziemlich mühsam. Der im Mittelmeer während des Sommers vorherrschende Wind aus Nordwest brachte es mit sich, dass man etwa von der Straße von Messina aus mit dem Wind südlich an Kreta vorbei in sieben bis neun Tagen nach Alexandria segeln konnte. Der Rückweg von Ost nach West folgte hingegen einer ganz anderen Linie: über die Insel Zypern und von dort gegen den Wind über Kreta zur Straße von Messina. Diese Passage konnte gut und gerne zwei Monate dauern.[3] Ebenso brauchte man von Gades (Cadiz) nach Ostia nur ca. sieben Tage, von Narbo (Narbonne) nach Ostia nur ca. drei Tage – die Rückwege gegen

---

[2] So musste etwa die Pilgerin Paula im Jahre 385 n.Chr. das Frühjahr abwarten, bevor sie mit dem Schiff von Ostia aus die Reise ins »Heilige Land« antreten konnte, vgl. Hieronymus, Epist. [Epit. S. Paulae] 108,6f (Textausgaben: I.A. HILBERG, CSEL 55, Wien 1912; H. DONNER, Pilgerfahrt ins Heilige Land. Die ältesten Berichte christlicher Palästinapilger (4.–7. Jh.), Stuttgart ²2002, 134–163 [nur Kap. 6–14, mit Kommentar]).

[3] Vgl. Lukian., Nav. 5; Apg 27f.

den Wind folgten aber auch hier anderen Routen und benötigten wesentlich längere Zeit. Lediglich die Fahrten quer zum vorherrschenden Wind dürften auf denselben Routen und bei ungefähr demselben Zeitbedarf gefahren worden sein (Rhodos - Alexandria: vier Tage; Afrika - Ostia: zwei Tage). Doch dies sind nur Durchschnittszahlen! Da die Witterung nicht vorhergesagt und bei bedecktem Himmel nicht navigiert werden konnte, war es fast unmöglich, die exakte Dauer einer solchen Seereise abzuschätzen.

Wesentlich genauer zu planen und fast zu jeder Jahreszeit möglich war hingegen eine Reise über die römischen Straßen.[4] Straßen zu benutzen war die beliebteste und letztendlich auch sicherste Art zu reisen. Das römische Straßensystem ist nicht leicht zu überschauen:[5] Da gab es einerseits die *viae publicae*, die staatlicherseits auf öffentlichem Grund gebauten Fernstraßen, die Regionen oder gar Provinzen miteinander verbanden. Da gab es die *viae vicinales*, die Nebenstraßen, die sowohl verschiedene Fernstraßen als auch kleinere Siedlungen miteinander verbanden und für den Anschluss an das Fernstraßensystem sorgten. Und schließlich gewährleisteten die *viae privatae*, Straßen auf privatem Grund – aber oft mit einem öffentlichen Wegerecht belegt – die Anbindung auch des letzten Gehöfts an die Vizinal- und Fernstraßen.

Die römischen Fernstraßen wurden teils aus militärischen, teils aus wirtschaftlichen Gründen angelegt. Deshalb wurden sie prinzipiell auf öffentlichem Grund errichtet. Die Finanzierung des Baus und der Unterhaltung oblag in Italien dem römischen Staat, in den Provinzen den anliegenden Städten und Gemeinden. Angeordnet wurde der Bau einer Straße vom Staat bzw. vom jeweiligen Kaiser. Oftmals haben sich letztere auch an den Kosten für Bauten, Ausbauten oder Reparaturen beteiligt. Der Fernstraßenbau wurde von technischen Einheiten der römischen Armee durchgeführt, wobei die schwersten Arbeiten von Sklaven und Tagelöhnern verrichtet wurden. Die militärischen Spezialisten planten die zumeist geradlinige Straßenführung, sorgten dafür, dass möglichst wenige kostenaufwendige Bauten wie Tunnel, Brücken etc. nötig wurden, legten die Strecken in Tälern – um Überschwemmungen der Straße zu vermeiden – auf Halbhöhenlage und vermieden für Wagen kaum zu überwindende Steigungen.

---

[4] Zu Straßen und Landreisen allgemein vgl. H. BENDER, Römische Straßen und Straßenstationen, Stuttgart 1975; R. CHEVALLIER, Roman Roads, London 1976; H. BENDER, Römischer Reiseverkehr. Cursus publicus und Privatreisen, Stuttgart 1978; DERS., Verkehrs- und Transportwesen in der römischen Kaiserzeit, in: H. Jahnkuhn u.a. (Hg.), Untersuchungen zu Handel und Verkehr der vor- und frühgeschichtlichen Zeit in Mittel- und Nordeuropa 5: Der Verkehr. Verkehrswege, Verkehrsmittel, Organisation, Göttingen 1989, 108–154.

[5] Vgl. V. SAUER, Art. Straße (Straßenbau), in: Mensch und Landschaft in der Antike. Lexikon der Historischen Geographie, Stuttgart 1999, 518–524.

Die Trasse selbst wurde folgendermaßen angelegt: In der Breite der zu erbauenden Via wurde ein Graben ausgehoben und das darunter liegende Erdreich gegebenenfalls durch Pfähle stabilisiert. Darauf wurde dann der sog. Straßenkörper aufgebaut. Er bestand aus einer Schicht grober Steine, darauf kam eine verdichtete Schicht aus Kalk oder Mörtel mit großen Kieseln und darüber eine Feinschüttung aus losen feinen Kieselsteinen – insgesamt etwa einen Meter dick. Dabei wurde darauf geachtet, dass die Fahrbahn gewölbt war, damit das Regenwasser in die seitlichen Gräben abfließen konnte. Bordschwellen am Rande der Straße verhinderten, dass der Straßenkörper vom Regenwasser weggeschwemmt werden konnte. Die Oberfläche von solchen Straßen bestand also zumeist aus feinem Kies, nur in der Nähe von Städten und in den Städten selbst waren sie gepflastert. *Viae publicae* waren im Reich durchaus nicht einheitlich breit, im Durchschnitt maßen sie jedoch knapp sechs Meter in der Breite, zuzüglich beiderseits zwei bis drei Meter befestigter Randstreifen. Diese Randstreifen waren als Ausweichflächen bei starkem Verkehr und als Weg für Fußgänger und Reiter gedacht. Für die Nutzung durch Wagen oder Karren waren Straßen mit Kiesschüttung gewiss viel angenehmer. Auf der vergleichsweise weichen Oberfläche konnten die nur unzureichend gefederten Wagen wesentlich leiser und erschütterungsfreier fahren als auf Straßen mit Pflastersteinen.

Die Reisewagen waren zwei- oder vierrädrig. Die zweirädrigen Wagen waren in der Regel offen und wurden von ein bis zwei Pferden gezogen. Bequemer, aber weniger schnell, waren die vierrädrigen, von zwei Pferden gezogenen, zumeist geschlossenen Reisewagen. Sie waren gepolstert, hatten vier bis sechs Sitzplätze und waren gelegentlich sogar als Schlafwagen (*carucca dormitoria*) eingerichtet. Bei den Wagen in der römischen Kaiserzeit war der Fahrgastraum nicht starr mit dem Wagengestell verbunden, sondern in Lederriemen aufgehängt. Dadurch wurde eine gewisse Federung des Innenraums erreicht, dennoch waren holprige, nicht gut gepflegte oder gar gepflasterte Straßen für die Reisenden wegen der Erschütterungen und wegen des Lärms, den die eisenbereiften Holzräder verursachten, mitunter eine arge Strapaze.

Das römische Straßensystem beschränkte sich jedoch nicht bloß auf die vorzüglich ausgebauten Trassen. Meilensteine, oder besser Inschriftensäulen an den Straßen, gaben dem Reisenden wertvolle Hinweise zu seinem Standort. Die Inschriften auf diesen Säulen gaben zumeist die vollständige und manchmal mehrere Zeilen umfassende Titulatur desjenigen Kaisers an, der die Straße gebaut oder renoviert hatte. Dann folgte die Angabe der Entfernung vom oder zum nächsten Hauptort. Lediglich in Italien wurde auf den Meilensteinen immer von Rom aus gezählt.

An den Straßen lagen auch Stationen. Ursprünglich waren sie für die kaiserliche Post, für reisende Militärs und Beamte (*cursus publicus*) eingerichtet worden. Ungefähr alle 25 römischen Meilen (ca. 37 km) standen an römischen

Fernstraßen solche Poststationen. Sie boten Übernachtungsmöglichkeiten, Pferde oder Maultiere zum Wechseln, Stallpersonal, oft auch einen Tierarzt und Wagen. Diese Raststationen standen ursprünglich nur den in offiziellem Auftrag Reisenden mit speziellem kaiserlichem Diplom zur Verfügung. Im vierten Jahrhundert wurde der Kreis der Berechtigten jedoch stark ausgeweitet,[6] sodass nahezu jedes Mitglied der Oberschicht die Stationen des *cursus publicus* benutzen konnte. Neben diesen offiziellen Stationen wurden Herbergsbetriebe gegründet, die jedem Reisenden, aber eben gegen Bezahlung, offen standen. Diese Herbergen genossen durchaus nicht den besten Ruf, oft waren es wohl tatsächlich üble Spelunken, mit leichten Mädchen und ständig mit der Gefahr verbunden, über Nacht Hab und Gut, wenn nicht sogar das Leben, zu verlieren.[7]

Dass das Diebes- und Räuberwesen auf den Straßen nicht überhandnahm, dafür sorgten die sog. *Benefiziarier*. Diese vom Kaiser eingesetzten Militärs übernahmen die Sicherungsaufgaben an den *viae publicae*, sie waren gewissermaßen die ›Autobahnpolizei‹. An allen wichtigen Kreuzungen waren solche Militärposten eingerichtet. Und in besonders unsicheren Gegenden säumten sogar Militärkastelle die Straße.[8]

Von größtem Interesse ist nun, wie jene Reisemöglichkeiten von den Pilgern des vierten Jahrhunderts genutzt worden sind und vor allem wie sie ihre Reisen planten. Denn sowohl für die Planung der Anreise ins ›Heilige Land‹ waren Kartenwerke notwendig als auch für die Feinplanung der Pilgerschaft im ›Heiligen Land‹ selbst. Bei der Reiseplanung in der Antike halfen die sog. *Itineraria*, gewissermaßen kommentierte Wegelisten mit Angaben zu Straßen, Stationen und Distanzen zwischen den Stationen.

---

[6] Insbesondere hatten die Bischöfe des Reiches das Recht, den *cursus publicus* zu nutzen, was nach Auskunft von Ammianus Marcellinus (21,16,8) diese öffentliche Einrichtung doch stark belastete.

[7] Vgl. etwa Cic., div. 1,57.

[8] Ein Beispiel aus dem »Heiligen Land« gibt etwa der Pilgerbericht der Egeria (P. Eger. 9,3): »Wir aber entließen nun die Soldaten, die uns mit römischer Disziplin Schutz geboten hatten, solange wir durch verdächtige Gegenden gezogen waren; nunmehr, da es die Staatsstraße durch Ägypten gab ... und so war es nicht mehr nötig, die Soldaten zu bemühen« (Textausgaben: P. GEYER, CSEL 39, Wien 1898; H. DONNER, Pilgerfahrt, 68–133 [mit Kommentar]; G. RÖWEKAMP, Egeria Itinerarium, FC 20, Freiburg u.a. ²2000 [mit Kommentar und Auszügen aus Petrus Diaconus. De locis sanctis]).

Die via Flaminia von Rom über das Picenum, Ancona bis nach Bundisium / Brindisi

Flaminia Ab urbe per Picenum Anconam et inde Brundisium 627	
Utriculi	47
Narniae	12
Ad Martis	16
Mevaniae	16
Nuceriae	18
Dubios	8
Prolaque	8
Septempeda	15
Trea	9
Auximum	18
Ancona	12
Numana	8
Potentia	10
Castello Firmano	22
Castro Truentino	24
Castro novo	12
Hadriae	15
Ostia Aterni	16
Angelum	10
Ortona	11
Anxano	13
Histonios	25
Uscosio	15
Arenio	14
Corneli	26
Ponte longo	30
Sipunto	30
Salinis	15
Aufidena	40
Respa	23
Barium	13
Arnesto	22
Gnatiae	15
Speluncis	21
Brundisium	18

Abbildung 2: Ausschnitt aus dem *Itinerarium provinciarum Antonini Augusti*

Das umfangreichste erhaltene Itinerar ist das *Itinerarium provinciarium Antonini Augusti*[9], ein Straßenverzeichnis aus dem 3. Jh. n.Chr., das für das gesamte Römische Reich nicht nur die Fernstraßen, sondern in einem Anhang auch die wichtigsten Seestrecken angibt. In *Abbildung 1* ist aus jenem Itinerar die Via Flaminia zwischen Rom und Brindisi dargestellt: Angegeben sind Städte oder Stationen entlang der Strecke und die jeweiligen Abstände in römischen Meilen.

Andere Itinerarien kennen wir zum Teil und nur in Fragmenten[10] – es muss in der römischen Antike aber sehr viele solcher Wegelisten gegeben haben. Ursprünglich waren sie für Militärs und für die kaiserliche Post angelegt worden, doch alsbald wurden sie auch von Händlern, Transporteuren und Privatreisenden als Hilfsmittel genutzt. Ja, es ist sogar der Gedanke geäußert worden, es habe Auskunftsstellen gegeben, in denen sich Reisende gegen Bezahlung über

---

[9] Vgl. W. KUBITSCHEK, Art. Itinerarien, RE IX, Stuttgart 1916, 2308–2363, 2320–2352; K. MILLER, Itineraria Romana. Römische Reisewege an Hand der Tabula Peutingeriana, Stuttgart 1916 (Nachdr. Bregenz 1988), LIV–LV (Textausgaben: K. MILLER, a.a.O., LIV–LXVII [mit Kommentar]; O. CUNTZ, Itineraria Romana, Bd. 1, Leipzig 1929 [Nachdr. 1990], 1–75).

[10] Aufgelistet bei K. MILLER, Itineraria, LXXI–LXXV; W. KUBITSCHEK, Itinerarien, 2314–2320.

den günstigsten Streckenverlauf informieren, Notizen machen oder ganze Itinerarien kopieren lassen konnten. Solche ›Reisebüros‹ konnten ihre Informationen ihrerseits nur aus den offiziellen Verzeichnissen der Post, der Straßenbauverwaltung, vor allem aber aus Aufzeichnungen vorhergehender Reisender bezogen haben. Je mehr sich in der Kaiserzeit das Straßennetz der *viae publicae* im Reich verfestigte, umso genauer konnten solche Auskunfteien dann die günstigsten Wege für Fernreisende angeben.[11]

Eine Besonderheit sind die sog. *Itineraria picta*, gemalte Straßenverzeichnisse. Ein solches liegt uns in Form der sog. *Tabula Peutingeriana* vor.[12] Sie ist eine mittelalterliche Abschrift (12/13. Jh. n.Chr.), benannt nach dem ehemaligen Privatbesitzer KONRAD PEUTINGER (1465–1547). Diese kartenähnliche Zusammenstellung geht über mehrere Überlieferungsschritte auf antike Vorläufer zurück. Jene antike Vorlage für die *Tabula Peutingeriana* dürfte im vierten Jahrhundert unter Zuhilfenahme älterer Quellen entstanden sein. Es handelte sich ursprünglich um eine Pergamentrolle aus 12 bis 15 zusammengeklebten Blättern, die insgesamt ein Ausmaß von sieben bis acht Metern in der Breite und etwa 33 cm in der Höhe besaß.[13] Heute sind die erhaltenen elf Einzelblätter[14] – der Westen mit Spanien und großen Teilen Britanniens ist verloren – in der Österreichischen Nationalbibliothek in Wien verwahrt. Die uns erhaltene *Tabula Peutingeriana* enthält demnach geografische Informationen von Gallien bis nach Indien und China und von Britannien bis zu den nordafrikanischen Wüsten.

---

[11] Vgl. K. MILLER, Itineraria, XI–XII.

[12] Zur *Tabula Peutingeriana* allgemein vgl. K. MILLER, Itineraria; W. KUBITSCHEK, Art. Karten, RE X, Stuttgart 1919, 2022–2149, 2126–2144; H. GROSS, Zur Entstehungsgeschichte der Tabula Peutingeriana, 1913 (Neudr. 1980); A. und M. LEVI, Itineraria picta, Rom 1967; B. KÖTTING, Peregrinatio Religiosa. Wallfahrten in der Antike und das Pilgerwesen in der alten Kirche, Münster 1980, 349–350; L. BOSIO, La Tabula Peutingeriana. Una descrizione pittorica del mondo antico, Rimini 1983; O.A.W. DILKE, Greek and Roman Maps, 1985; F. PRONTERA, Tabula Peutingeriana. Le antice vie del mondo, Florenz 2003; K. BRODERSEN, Die Tabula Peutingeriana. Gehalt und Gestalt einer »alten Karte« und ihrer antiken Vorlagen, in: D. Unverhau (Hg.), Geschichtsdeutung auf alten Karten. Archäologie und Geschichte, Wolfenbütteler Forschungen 101, Wiesbaden 2003, 289–297; R.J.A. TALBERT/J.A. RICHARD, Cartography and Taste in Peutinger's Roman Map, in: R.J.A. Talbert/K. Brodersen (Hg.), Space in the Roman World. Its Perception and Presentation, Antike Kultur und Geschichte 5, Münster 2004, 113–141. Ausgaben: K. MILLER, Die Peutingersche Tafel, 1887 (Neudr. 1961) [Diese Ausgabe wurde bei den hier gegebenen Abbildungen verwendet]; E. WEBER, Tabula Peutingeriana, Graz 1976 (Faksimile und Kommentar).

[13] Vgl. zu den ursprünglichen Maßen der *Tabula Peutingeriana* E. WEBER, Tabula, 10.13.

[14] Zusammen ca. 680 x 33 cm.

Festland und Inseln sind in diesem gemalten Itinerar gelblich angelegt, das Meer ist blaugrün. Es werden Provinzen, Landschaften und Nationen genannt. Große Ortschaften werden nach ihrer administrativen Rolle durch genormte farbige Bildsymbole (Vignetten) angeben, kleinere Orte und Stationen nur durch einen Haken im Straßenverlauf. Die Beischriften nennen ca. 4.000 Ortsnamen, darunter ca. 550 Städte. Die Städte und Stationen sind durch ein Netz von rot eingezeichneten Straßen miteinander verbunden, wobei jeweils die Entfernungen (zumeist in römischen Meilen, regional aber auch in gallischen Leugen[15] oder persischen Parasangen[16]) angegeben sind. Insgesamt sind in der *Tabula Peutingeriana* etwa 100.000 km Straßen verzeichnet. Die eingetragenen Flüsse (grün), Gebirge (grau, rosa, gelb), Wälder und ebenso die Küstenlinien geben die tatsächlichen geografischen Verhältnisse allerdings nur sehr eingeschränkt wieder. Da die Karte in dem gegebenen Format die Nord-Süd-Ausdehnung der dargestellten Welt (von Britannien bis zu den nordafrikanischen Wüsten) auf ca. 33 cm komprimiert, für die Ost-West-Ausdehnung (von Gallien bis nach China) aber knapp sieben Meter Raum zur Verfügung hat, wird schnell verständlich, dass eine Maßstäblichkeit nicht erreicht werden konnte. Die Nord-Süd-Dimension wird in eine West-Ost-Ausdehnung verzerrt. Dies wird insbesondere deutlich in der Darstellung der Mittelmeerregion: Das Meer ist zu einem schmalen Streifen verengt und Italien erstreckt sich ebenso wie Griechenland von Ost nach West, statt wie tatsächlich von Nord nach Süd. Dem antiken Kaufmann, Militär, Verwaltungs- oder Privatmann mag es aber genügt haben, zu wissen, auf welchen Routen er am besten von A nach B gelangt, welche Entfernungen er dabei überwinden muss und wo er übernachten kann.

Auch im ›Heiligen Land‹ selbst mögen die geschriebenen oder gemalten Itinerare die Grobplanung erleichtert haben. Der in *Abbildung 3* gegebene Ausschnitt aus der *Tabula Peutingeriana* stellt ja gerade die West- und Südküste Kleinasiens, Rhodos, den Westzipfel von Zypern und unterhalb des Mittelmeeres das ›Heilige Land‹ vom Nildelta bis nach Byblos dar. Auch hier sind die Staatsstraßen mit Stationen und Entfernungen dargestellt. Die *Tabula*

---

[15] Eine Leuge wird mit 1,5 römischen Meilen, also mit ca. 2.225 Metern gerechnet. Dieses Längenmaß ist seit Septimius Severus (202 n.Chr.) in den tres Galliae und in den beiden Germanien in offiziellem Gebrauch. In der Tabula Peutingeriana sind die Entfernungen in den tres Galliae tatsächlich in Leugen angegeben, nicht aber in der Narbonensis und ebenfalls nicht in den beiden Germanien – dort wird in römischen Meilen gezählt, vgl. H. CHANTRAINE, Art. Leuga, KLP 3, München 1979, 591; E. WEBER, Tabula, 13.

[16] Eine Parasange zählte etwa 5–6 km. Nach diesem persischem Längenmaß war unter anderem die persische Königsstraße vermessen, vgl. H. CHANTRAINE, Art. Leuga, 507; E. WEBER, Tabula, 14. E. WEBER, Tabula, 14, bezweifelt die Verwendung dieses Längenmaßes in der Tabula Peutingeriana.

Peutingeriana war aber keine Pilgerkarte,[17] es fehlen nämlich Angaben zu den wichtigsten christlichen Pilgerzielen. So steht in der *Tabula Peutingeriana* bei Jerusalem nur: »das früher Jerusalem genannte, heutige *aelia capitolina* (der offizielle Name der Stadt seit Kaiser Hadrian)«, kein Hinweis findet sich auf dort vorhandene heilige Stätten, kein Hinweis auf Herbergen etc.

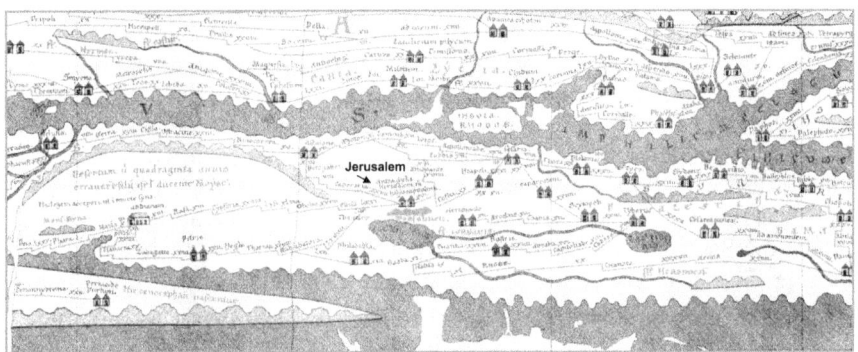

Abbildung 3: Das ›Heilige Land‹, Ausschnitt aus der *Tabula Peutingeriana*

Welche anderen Hilfsmittel zur Orientierung und Reiseplanung im ›Heiligen Land‹ standen denn im vierten Jahrhundert dann zur Verfügung? Der Bischof von Caesarea, Eusebius, verfasste um 300 n.Chr. in griechischer Sprache ein Lexikon der biblischen Ortsnamen.[18] Die im Alten und Neuen Testament genannten Orte, Regionen, Landschaften, Berge, Ebenen, Flüsse, Wüsten und Götzen listete er alphabetisch auf, gab die entsprechenden Bibelstellen an,

---

[17] Vgl. B. KÖTTING, Peregrinatio, 350; E. WEBER, Tabula, 19. Der Einwand, am Anfang des 4. Jh. n.Chr. seien eben noch keine genuin christlichen Pilgerziele im »Heiligen Land« identifiziert gewesen und deshalb hätten sich die frühen Pilger auf die in der jüdischen Tradition schon länger identifizierten atl. Gedenkstätten konzentrieren müssen, kann für die Tabula Peutingeriana nicht gelten. Egal, ob die ursprüngliche Redaktion der Karte ins späte 4. oder frühe 5. Jh. n.Chr. gehört, Ende des 4. Jh. – das erweisen die Pilgerberichte – waren Ziele wie etwa Kapernaum, Nazareth, die Taufstelle am Jordan, Bethlehem, Hebron so selbstverständliche christliche Pilgerziele, dass ihre Nichterwähnung in der Tabula Peutingeriana doch sehr zu denken gibt.

[18] Eusebius, Onomastikon hg. v. E. KLOSTERMANN, GCS 3,1, Leipzig/Berlin 1904 (Nachdr. 1966). Vgl. W. KUBITSCHEK, Karten, 2042–2044; B. KÖTTING, Peregrinatio, 351; R. KLEIN, Die Entwicklung der christlichen Palästinawallfahrt in konstantinischer Zeit, RQ 85, 1990, 145–181, 169–172.

informierte über die Entfernungen zwischen den einzelnen Orten und erläuterte, was davon noch zu sehen war. Eusebius legte also gewissermaßen ein biblisch-geografisches Wörterbuch vor. Es war zunächst als ein Lexikon für die Geistlichkeit zur Deutung der Angaben im Alten Testament gedacht, schnell wurde es aber auch von Palästinapilgern zur Planung ihrer Pilgerfahrten benutzt. Insbesondere als der heilige Hieronymus das Onomastikon des Eusebius Ende des vierten Jahrhundert überarbeitete und ins Lateinische übersetzte, wurde es schnell zum Universalreiseführer für Palästinapilger.

Des Weiteren wissen wir von Kurzführern zu den Heiligen Stätten im spätantiken ›Heiligen Land‹.[19] So liegt etwa ein flugblattartiger Führer durch das Jerusalem des sechsten nachchristlichen Jahrhunderts vor, das so genannte *Brevarius de Hierosolyma*[20]. Man kann sich leicht vorstellen, wie in Hospizen, in Herbergen und in nahe bei heiligen Orten gelegenen Verkaufsständen solche Führer für Pilger verteilt oder vielmehr verkauft wurden. Das Jerusalembrevier stellt in Form von Rundgängen die wichtigsten Kirchen, heiligen Orte und natürlich die Stätten, in denen Reliquien verwahrt wurden, vor. Wohl ähnlich wie heutige Touristen wanderten Pilger, solche Handzettel in der Hand, durch Jerusalem und zu den anderen Zentren der Pilger.

Die ursprünglich aus über zwei Millionen Einzelteilen zusammengesetzte *Mosaikkarte von Madaba*[21] ist das älteste erhaltene Zeugnis antiker Kartografie

---

[19] Etwa: Eucherii quae fertur de situ Hieroslymae epistula ad Faustum presbyterium (Mitte 5. Jh. n.Chr.) [Textausgaben: P. GEYER (Hg.), CSEL 39, Wien 1898, 124–131; P. GEYER/ O. CUNTZ, CCSL 175, Turnhout 1965, 237–243; H. DONNER, Pilgerfahrt, 164–180], und Theodosii de situ terrae sanctae (Anfang des 6. Jh. n.Chr.), [Textausgaben: J. GILDEMEISTER, Bonn 1882; J. WILKINSON, Jerusalem Pilgrims Before the Crusades, Warminster 1977, 5f.63–71.184–192; H. DONNER, Pilgerfahrt, 181–213. Vgl. zu beiden B. KÖTTING, Peregrinatio, 359f.

[20] Zu der Vermutung, die Autoren solcher Kurzführer hätten womöglich nie das »Heilige Land« persönlich gesehen vgl. M. SCHAUTA, Pilgerreisen, 19.

[21] Vgl. W. KUBITSCHEK, Karten, 2044–2046; H. DONNER, The Mosaic Map of Madaba, Kampen 1992; H. DONNER/H. CÜPPERS, Die Mosaikkarte von Madeba, Abhandlungen des Deutschen Palästinavereins 5, Wiesbaden 1977; H. DONNER, The Uniqueness of the Madaba Map and its Restoration in 1965 + E. WEBER, The Tabula Peutingeriana and the Madaba Map, in: M. Piccirillo (Hg.), The Madaba map centenary 1897–1997: travelling through the Byzantine Umayyad period. Proceedings of the international conference held in Amman, 7–9. April 1997, SBF.CMa 40, Jerusalem 1999, 37–40 + 41–46. W. Kubitschek stellt (in Ders., Karten, 2043) auch die Idee vor, Eusebius habe zusätzlich zu seinem Lexikon (Onomastikon) auch eine (leider verlorene) Karte erstellt, die ihrerseits als Grundlage für die Gestaltung des Mosaiks von Madaba gedient habe. Dieser Gedanke ist in der Forschung bis heute umstritten, wenngleich unbestritten ist, dass das Onomastikon selbst sehr großen Einfluss auf die Madabakarte hatte, vgl. P.D.A. HARWEY, The Catographic Context of the Madaba Map + L. DI SEGNI, The Onomastikon of Eusebius and the Madaba Map, in: M. Piccirillo (Hg.), The Madaba map centenary 1897–1997:

und stammt aus der Mitte des sechsten Jahrhunderts. Es ziert als Bodenmosaik die frühbyzantinische St. Georgskirche in Madaba (Jordanien, ca. 30 km südwestlich von Amman). Die sog. *Madabakarte* zeigt die Region zwischen Mittelmeer und Arabischer Wüste und zwischen dem Nil und dem Libanongebirge, im Zentrum liegt Jerusalem. Insbesondere die stadtplanartigen Vignetten für die Städte haben viel Begeisterung hervorgerufen. Die Vignette von Jerusalem etwa zeigt die wichtigsten Gebäude der Stadt in der richtigen Anordnung. Freilich scheint diese Mosaikkarte weniger der Orientierung für Pilger gedient zu haben,[22] sondern vielmehr der frommen Erbauung. Gleichwohl ist sie ein Indiz für die geografischen Kenntnisse von der Region und für die Fähigkeit solche Kenntnisse kartographisch darzustellen.

Es standen also für die Reiseplanung der Pilger vielerlei Hilfsmittel zur Verfügung. Inwieweit diese genutzt wurden, soll nun anhand der uns erhaltenen Pilgerberichte untersucht werden. Obwohl wir von zahlreichen Pilgerreisen ins ›Heilige Land‹ aus dem vierten Jahrhundert Kenntnis haben,[23] sind uns aus dem Jahrhundert selbst nur drei aussagekräftige Pilgerberichte überliefert:

- Die Reise eines *Anonymus aus Bordeaux* in den Jahren 333/34 n.Chr.,[24]
- die Reise der Dame *Egeria* Ende des 4. Jh. n.Chr.,[25]
- und jene der Dame *Paula* in den Jahren 385/86 n.Chr.[26]

Diese drei Berichte von Pilgerreisen sollen nun mit den bekannten Hilfsmitteln zur Reiseplanung verglichen werden, um Rückschlüsse darüber zu gewinnen, mit welchen Reisemodalitäten die Pilgerreisenden ins ›Heilige Land‹ zu rechnen hatten. Zugleich können daraus wertvolle Erkenntnisse zum geografischen und kartografischen Horizont der Reisenden im vierten Jahrhundert überhaupt gewonnen werden.

---

travelling through the Byzantine Umayyad period. Proceedings of the international conference held in Amman, 7–9. April 1997, SBF.CMa 40, Jerusalem 1999, 103–107 + 115–120.

[22] Dagegen R.J.A. TALBERT, Art. Kartographie, in: , Mensch und Landschaft in der Antike. Lexikon der Historischen Geographie, Stuttgart 1999, 252–257, 254; H. DONNER, Mosaic Map, 40.

[23] Etwa: Helena-Augusta (326–327 n.Chr.); Melania d.Ä. (372–) (Textausgabe: A. WELLHAUSEN, in: Palladius, Historia Lausiaca, Berlin 2003); Melania d.J. (417–) (Textausgabe: S. KROTTENTHALER, Gerontius, Vita Melaniae. BK 5, München 1912).

[24] Textausgaben: P. GEYER, CSEL 39, Wien 1898; K. MILLER, Itineraria Romana. Römische Reisewege an Hand der Tabula Peutingeriana, Stuttgart, 1916 (Nachdr. Bregenz 1988), LXVII–LXX; P. GEYER/O. CUNTZ, CCSL 175, Turnhout 1965; H. DONNER, Pilgerfahrt, 35–67 [mit Kommentar].

[25] Peregrinatio Egeriae, s. Anm. 29.

[26] Hieronymus, Epist. 108 [Epit. S. Paulae], s. Anm. 2 und 32.

Beginnen wir mit dem Reisebericht des *Pilgers von Bordeaux*.[27] Die Reiseroute des namentlich nicht bekannten Pilgers, der in den Jahren 333/34 n.Chr. das ›Heilige Land‹ besuchte, führte von Bordeaux über Arles, Mailand, der Donau entlang nach Konstantinopel. Vom Bosporus aus zog er mitten durch Kleinasien über Ankara zur Kilikischen Pforte, um sodann nach Antiochia und Jerusalem zu gelangen. Von Jerusalem aus brach der Pilger zu einer Rundreise durch das ›Heilige Land‹ auf.

Die Rückreise führte ihn auf demselben Weg, wie bei der Hinreise, nach Konstantinopel. Von Konstantinopel aus nutzte er dann die Via Egnatia über Thessalonike quer durch den Balkan bis zum Adriatischen Meer. Und von Brindisi führte ihn sein Weg über Rom, Rimini nach Mailand und zurück nach Bordeaux.

Soweit die Pilgerreise in groben Zügen. Interessant am Pilgerbericht des *Anonymus aus Bordeaux* ist die geradezu pedantische Aufmerksamkeit, die er seiner Reisestrecke, den jeweiligen Entfernungen und Stationen widmete.

	Römische Meilen	Kilometer	km/Tag
Angaben des Pilgers	10.206 mp	15.105 km	50,3 km
Nach einer maßstäblichen Karte		9.200 km	30,6 km

Tabelle 1: Die Angaben des *Pilgers von Bordeaux* zu den zurückgelegten Entfernungen auf seiner Pilgerreise (Reisezeit 10 Monate = 300 Tage)

Einige der Angaben im Pilgerbericht sind allerdings einigermaßen problematisch. Die Addition der Angaben des Pilgers zu seiner Reise ergibt etwa – ohne die nicht genau quantifizierbare Rundreise im ›Heiligen Land‹ und ohne die kurzen Strecken, die er per Schiff zurückgelegt hat – 10.206 römische Meilen oder 15.105 km. Diese Strecke will er in knapp einem Jahr[28] zurückgelegt haben, wobei er sich ja auch noch mindestens zwei Monate im ›Heiligen Land‹ aufgehalten hat. Für die eigentliche Reise auf den römischen Straßen standen also maximal zehn Monate zur Verfügung. 15.100 km in 300 Tagen, das ergibt eine durchschnittliche Tagesleistung von knapp über 50 km pro Tag. Das

---

[27] Vgl. zu diesem Pilgerbericht W. KUBITSCHEK, Itinerarien, 2352–2363; B. KÖTTING, Peregrinatio, 351–354; H. DONNER, Pilgerfahrt, 35–42; E.D. HUNT, Holy Land Pilgrimage in the Later Roman Empire, Oxford 1982, 55–58; R. KLEIN, Palästinawallfahrt, 173–175; M. GIEBEL, Reisen, 217–219.

[28] Vgl. H. DONNER, Pilgerfahrt, 35; B. KÖTTING, Peregrinatio, 245.

ist weit mehr, als die uns aus der Antike bekannten Tagesetappen auf einer Straße, nämlich 35–40 km. 50 km pro Tag konnte man eigentlich nur beritten zurücklegen.

Nimmt man die Route des Pilgers auf einer heutigen maßstäblichen Karte ab, so kommt man selbst bei großzügigster Kalkulation auf maximal 9.200 km. 9.200 km in 300 Tagen, das ergibt eine durchschnittliche Tagesleistung von knapp 31 km – und das passt schon eher zusammen mit den uns aus der Antike bekannten Tagesdistanzen, zumal die gelegentlichen Rastpausen auf der Reise mitbedacht werden müssen. Generell gilt aber: Man darf den Entfernungsangaben beim *Pilger von Bordeaux* keinen so großen Glauben schenken.

Welches Transportmittel hat der Pilger also benutzt? Aufgrund der errechneten Tagesleistung des Pilgers von 30–35 km pro Tag sind im Grunde nur drei Fortbewegungsarten wahrscheinlich: zu Fuß, auf einem Esel oder im Reisewagen. Reiter zu Pferde waren wesentlich schneller und konnten deshalb auch größere Distanzen zurücklegen. Wie er nun aber tatsächlich unterwegs war, darüber schweigt sich der Pilger beharrlich aus.

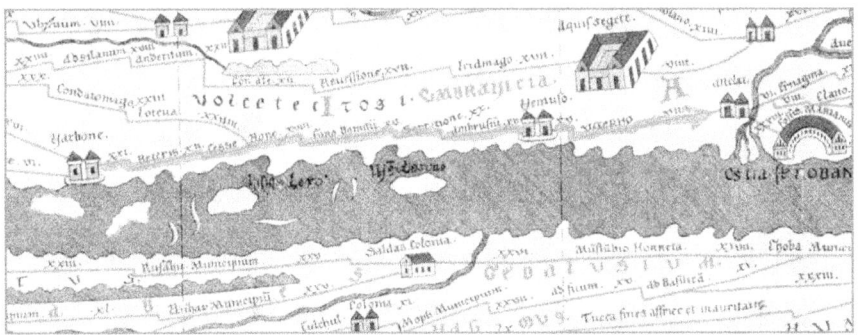

Abbildung 4: Die Strecke des *Pilgers von Bordeaux* von Narbo nach Arelate auf der *Tabula Peutingeriana*

Historisch-geografisch weit interessanter wird es dann aber, wenn man den Pilgerbericht etwas genauer analysiert und ihn anhand der Reichsitinerarien zu verifizieren versucht. Zwei Streckenabschnitte des *Pilgers von Bordeaux* seien einmal herausgegriffen:

Zunächst die in *Abbildung 4* vorgestellte Strecke von Narbonne nach Arles. Der Pilger gibt sieben Stationen an – zwei *civitates* (Städte), eine *mansio* (Herberge), vier *mutationes* (Pferdewechselstationen) und eine Entfernung von

113 gallischen Leugen, das sind 277 km. In der *Tabula Peutingeriana* sind es 304 km. Die Namen der Stationen beim Pilger stimmen mit denen auf der *Tabula Peutingeriana* überein, lediglich die mutatio Ponte Aerarium trägt einen anderen Namen. Im antoninischen Itinerar sind es ebenfalls sieben Stationen, inclusive der beim Pilger genannten mutationes. Hier sind also fast alle vom Pilger genannten Stationen auch in den Reichsitinerarien wieder zu finden. Dies war aber nicht bei allen Strecken so.

Ein anderes Beispiel ist die in *Abbildung 5* vorgestellte Strecke vom antiken Laodikia nach Tyros. Der Pilger gibt 18 Stationen an – sechs civitates, zwei Herbergen, zehn Pferdewechselstationen und eine Entfernung von 193 Meilen oder 285 km. In der *Tabula Peutingeriana* sind es 272 km. Doch nun kommt der überraschende Unterschied: Die *Tabula Peutingeriana* zeigt zwar auch alle Städte und *mansiones* an, die der Pilger angibt, die zehn *mutationes* aber – ebenso wie das *Antoninische Itinerar* – alle nicht.

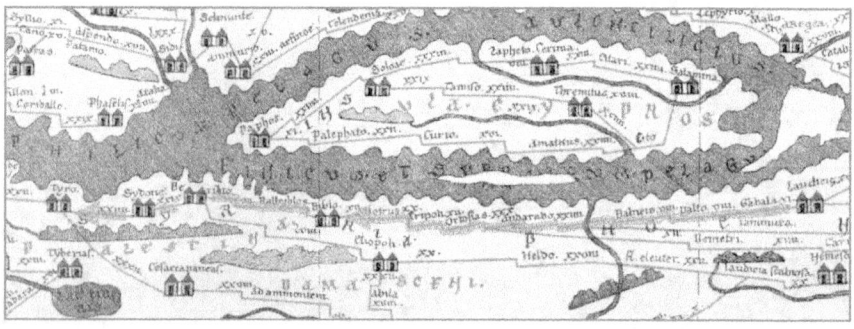

Abbildung 5: Die Strecke des *Pilgers von Bordeaux* von Laodicia nach Tyros auf der *Tabula Peutingeriana*

Was hat man von diesem Befund zu halten? Einerseits dürfte klar sein, dass der Pilger, wo immer möglich, die großen Staatsstraßen genutzt hat, und zwar so wie sie in den Itinerarien angegeben sind. Es stimmen jedenfalls die von ihm angegebenen Ortsnamen ebenso wie die angegebenen Entfernungen weitgehend mit den Reichsitinerarien überein. Sodann legt die Übereinstimmung des Pilger-Itinerars mit den Reichsitinerarien den Schluss nahe, dass der Pilger für seine Reiseplanung Itinerare oder gar *Itineraria picta* genutzt hat, die in sehr engem Zusammenhang mit der *Tabula Peutingeriana* standen.

Andererseits scheint es auf den Strecken wesentlich mehr Stationen gegeben zu haben, als in den Reichsitinerarien verzeichnet sind. Dieser Umstand kann m.E. nur so erklärt werden: Die *Tabula Peutingeriana* und das *Antoninische Itinerar* geben dort, wo im Abstand einer Tagesreise *mansiones* vorhanden waren, nur diese Herbergen an, während der Pilger eben alle Stationen an der Straße, auch die Pferdewechselstationen nennt.

Und von solchen Zwischenstationen hat es offenbar mehr gegeben, als man bislang angenommen hat. Jedenfalls waren sie in Abständen voneinander entfernt, die weit unter einer Tagesreiseentfernung im Wagen gelegen haben. Solche Stationen waren gewiss auch einfache Gastwirtschaften, in denen Reisende zwischendurch einkehren konnten.

Wenn man sich der Mühe unterzieht, das vergleichsweise umständliche Verzeichnis des Pilgers nachzuvollziehen, so wird schnell verständlich, weshalb der Autor des *Antoninischen Itinerars* auf die Nennung der unzähligen Zwischenstationen verzichtet hat. Für die Reiseplanung waren sie unerheblich und ihre Nennung hätte die Übersichtlichkeit des Itinerars doch arg beeinträchtigt. Und in der *Tabula Peutingeriana* hätte die Einzeichnung sämtlicher Zwischenstationen die größten kartographischen Probleme verursacht.

In den gebräuchlichen Itinerarien wurden deshalb nur Städte und Herbergen genannt, außer wenn auf Tagesreiseabständen keine solche *Mansiones* vorhanden waren – dort wurden ersatzweise auch *Mutationes* genannt. Speziell jene Pferdewechselstationen haben dann gewiss auch die Funktion von Herbergen übernommen.

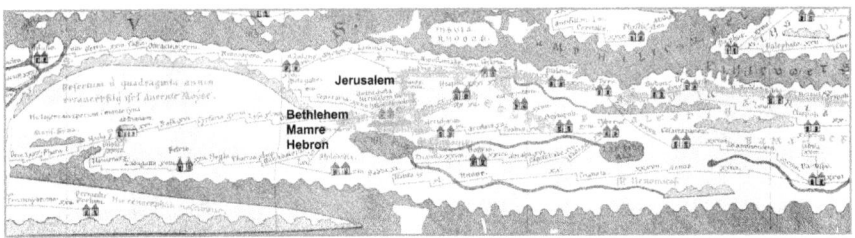

Abbildung 6: Die Strecke des *Pilgers von Bordeaux* im ›Heiligen Land‹ auf der *Tabula Peutingeriana* abgetragen

Die Reisen des Pilgers im ›Heiligen Land‹ (s. *Abbildung 6*) selbst sind in der *Tabula Peutingeriana* und im *Antoninischen Itinerar* fast vollständig nachzuvollziehen. Auffällig ist jedoch, dass der *Pilger von Bordeaux* bei seiner Anreise die Staatsstraße von Scythopolis über Neapolis nach Jerusalem benutzt hat. Diese archäologisch nachgewiesene *via publica* ist jedoch merkwürdigerweise zwischen Scythopolis und Neapolis gar nicht in der *Tabula Peutingeriana* verzeichnet, wohl aber im Antoninischen Itinerar. Ganz so zuverlässig waren die antiken Straßenkarten also auch nicht. Bei seinen Ausflügen zum Jordan, zum Toten Meer und nach Bethlehem und Mamre nutzte der Pilger natürlich Nebenstraßen, die auf der *Tabula Peutingeriana* nicht verzeichnet sind.

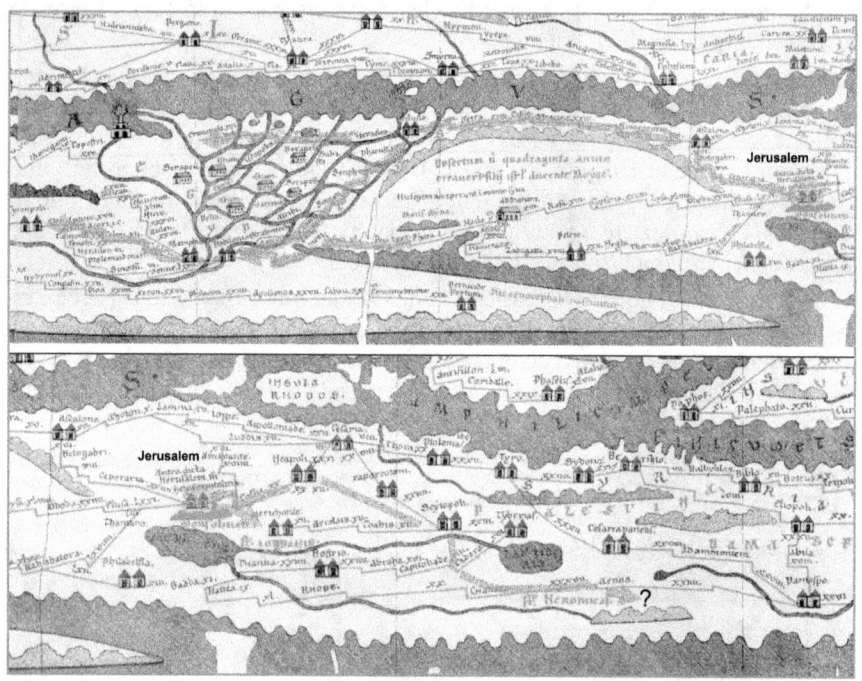

Abbildung 7: Die Pilgerreisen der *Egeria* im ›Heiligen Land‹ auf der *Tabula Peutingeriana*

Wenden wir uns nun der Pilgerreise der Dame *Egeria* zu.[29] Ende des vierten Jahrhunderts begab sie sich auf die Pilgerreise ins ›Heilige Land‹. Der Bericht der *Egeria* ist allerdings fragmentarisch – neben einigen kleineren Lücken fehlt insbesondere der Anfang des Pilgerberichts. Eine hochmittel-

---

[29] Vgl. zu diesem Pilgerbericht H. DONNER, Pilgerfahrt, 68–81; E.D. HUNT, Pilgrimage, 58–61; B. KÖTTING, Peregrinatio, 354–358; R. KLEIN, Palästinawallfahrt, 175–178; G. RÖWEKAMP, Egeria, 9–115; M. GIEBEL, Reisen, 219–222. Zur Datierung dieser Reise vgl. H. DONNER, Pilgerfahrt, 72–75; G. RÖWEKAMP, Egeria, 21–29.

alterliche Zusammenfassung verschiedener Pilgerberichte von Petrus Diaconus[30] enthält wohl auch Teile des Pilgerberichts von *Egeria*, aber daraus sind die verloren gegangenen Teile der Pilgerreise *Egerias* nicht so genau rekonstruierbar, dass sie für eine solche historisch-geografische Untersuchung taugen.

Der erhaltene Text des Pilgerberichts beginnt am Berg Sinai (zu der Pilgerreise der *Egeria* s. *Abbildung 7*). Von dort führte der Weg über Clesma am Roten Meer nach Ägypten bis nach Memphis und Theben – der genaue Verlauf und die dort besuchten Orte sind jedoch völlig unklar. Wieder zurück in Clesma führte ihr Weg nach Pelusium. Von dort aus – so berichtet sie – habe *Egeria* schon früher einen Abstecher nach Alexandria gemacht. Von Pelusium gelangte sie schließlich über Askalon nach Jerusalem.

Ein kurzer Abstecher führte – auf Nebenstraßen – nach Jericho, zum Jordan und zum Berg Nebo im Ostjordanland. Ihre weitere Reise führte wahrscheinlich auf der Staatsstraße über Neapolis nach Scythopolis. Von dort reiste *Egeria* – auf in der *Tabula Peutingeriana* nicht nachvollziehbaren Wegen – nach Gadara, Änon und zum Grab des Ijob bei dem auf der Karte nicht verzeichneten Karnion. Der Rückweg von dort nach Jerusalem ist unbekannt. Ebenso ist unbekannt, wie sie auf der Heimreise von Jerusalem nach Antiochia gelangte.

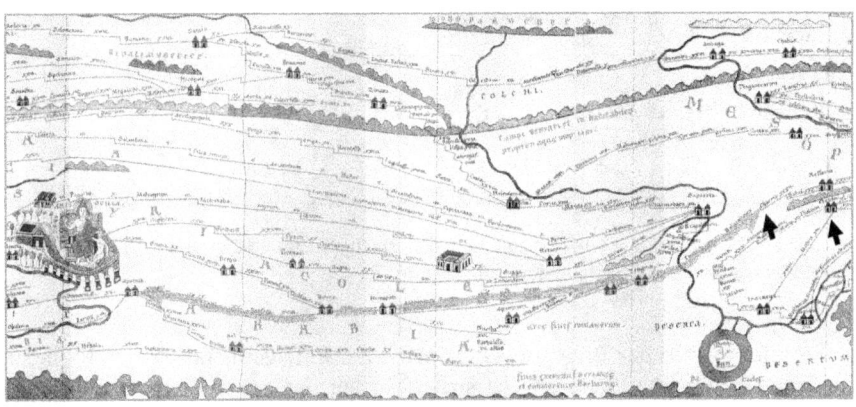

Abbildung 8: Der Abstecher der *Egeria* ins Zweistromland – auf der *Tabula Peutingeriana*

---

[30] Petrus Diaconus, De locis sanctis, Textausgabe: R. WEBER, Itineraria et alia Geographica, CCSL 175, Wien 1965, 93–103.

Von Antiochia aus reiste *Egeria* dann vermutlich auf Staatsstraßen über Hierapolis nach Edessa und Harran (s. *Abbildung 8*). Auf demselben Wege von dort zurückgekehrt, begann sie von Antiochia aus die Heimreise: Nach einem kurzen Abstecher zum Grab der Thekla im isaurischen Seleucia reiste sie, vermutlich auf der Staatsstraße, über Tarsus nach Chalkedon – allerdings gab sie selbst keinerlei Hinweise über ihre genaue Route. In Konstantinopel bricht ihr Bericht mit dem Hinweis ab, sie wolle noch Ephesus besuchen. Ob sie diese Reise noch angetreten hat, entzieht sich unserer Kenntnis.

So sehr sich der Leser ihres Reiseberichts über die so lebendige Beschreibung ihrer Erlebnisse im ›Heiligen Land‹ freut, so sehr betrübt es den Historischen Geografen, dass *Egeria* im Gegensatz etwa zum *Pilger von Bordeaux* der Reiseroute selbst, den Entfernungen und den Bedingungen des Reisens, so wenig Aufmerksamkeit schenkte. Ganz fatal ist die Tatsache, dass ganze Streckenabschnitte – etwa die Anreise – verloren sind, oder – wie etwa bei der Rückreise nach Konstantinopel – von ihr gar nicht erwähnt werden.

Tabula Peutingeriana	Clisma	Pelusio	Sydone	Berichto	Tarso	Calcedonia	Hierapoli
Itinerarium Antonini	Clysmo	Pelusio	Sidona	Berito	–	Calcedonia	Hierapoli
Pilger von Bordeaux	–	–	Sidona	Birito	Tarso	Calcedonia	–
Egeria	Clesma	Pelusium	–	–	Tharsus	Chalcedon	Gerapolis Ierapolis

Tabelle 2: Die Schreibung von Ortsnamen in den Reichsitinerarien und in den Pilgerberichten des *Anonymus von Bordeaux* und der Dame *Egeria*

So intensiv wie der Pilger scheint *Egeria* die Reichsitinerarien freilich nicht konsultiert zu haben. Dies erweist sich nicht nur daraus, dass ihr die Angaben zur Streckenführung ihrer Pilgerroute offenbar nicht so wichtig waren, sondern auch aus einer auffälligen Ferne gegenüber den Itinerarien bei der Ortsnamennennung. *Tabelle 2* zeigt ein paar Beispiele. Schon diese kleine Auswahl zeigt, dass die Ortsnamen in der *Tabula Peutingeriana* und dem *Antoninischen Itinerar* weitgehend übereinstimmen. Man sieht ebenfalls, dass sich der *Pilger von Bordeaux* stark an die Ortsnamen aus den Reichsitinerarien anlehnt. Umso deutlicher fällt die Nennung der Ortsnamen bei *Egeria* aus dem Rahmen.

Also kann man schließen: Selbstverständlich nutzte auch *Egeria*, wo immer möglich, das römische Straßensystem, aber die Streckenführung war ihr durchaus nicht in allen Einzelheiten bewusst. Offenbar orientierte sie sich auch weniger an den vorliegenden Reichsitinerarien. Und man möchte meinen, dass ihr Reisebericht anderen Pilgern wohl kaum als praktischer Führer hat dienen können.[31] Mehr ist für den historisch interessierten Geografen aus dem Bericht der *Egeria* leider nicht herauszulesen.

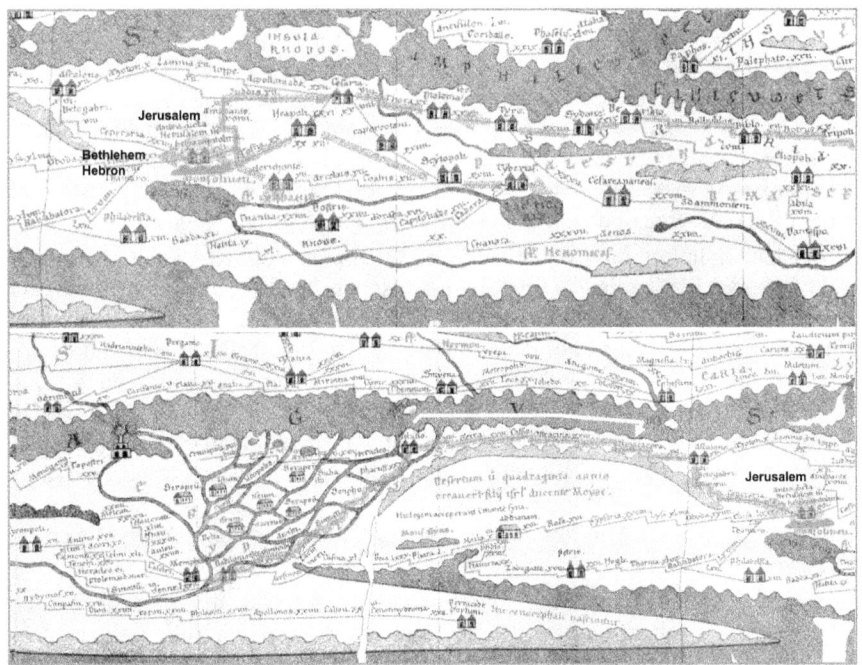

Abbildung 9: Die Pilgerreisen der *Paula* im ›Heiligen Land‹ und Ägypten auf der *Tabula Peutingeriana*

Vielleicht ist da der Bericht des hl. Hieronymus über die Pilgerfahrt der Dame *Paula* hilfreicher.[32] In den Jahren 385/86 n.Chr. unternahm die hochgestellte

---

[31] So auch B. KÖTTING, Peregrinatio 357, dagegen R.J.A. TALBERT, Kartographie, 254.
[32] Vgl. zu diesem Bericht einer Pilgerreise H. DONNER, Pilgerfahrt, 134–140; B. KÖTTING, Peregrinatio, 358f.

Römerin *Paula* mit ihrer Tochter Eustochium und mehreren weiteren Damen in ihrem Gefolge eine Pilgerfahrt ins ›Heilige Land‹. *Paula* benutzte die Schiffspassage.[33] Von Ostia aus reiste sie über Methone an der Südwestspitze der Peloponnes nach Zypern und Antiochia. Von dort ging die Reise auf dem Landwege weiter (s. *Abbildung 9*). Wie auch *Egeria* benutzte sie die Staatsstraße entlang der Küste über Berytus, Sidon, nach Caesarea und weiter über Lod nach Jerusalem. Ein erster Ausflug führte sie von dort nach Bethlehem und Hebron, ein zweiter nach Jericho und zum Jordan und ein dritter nach Galiläa über Neapolis, Scythopolis nach Tiberias und Kapernaum – nicht ohne auch Nazareth, den Berg Tabor und die Stadt Naim zu besuchen.

Wieder zurück in Jerusalem machte sich Paula auf nach Ägypten. Vermutlich über Askalon und Pelusion reiste sie bis in die Gegend von Memphis – allerdings ist die Route dieses Ausflugs nicht mehr genau rekonstruierbar. Wir wissen nur, dass sie auf dem Rückweg von Pelusium aus das Schiff bis nach Gaza genommen hat, um dann über Askalon nach Jerusalem zurückzukehren. Daraufhin zog sich *Paula* nach Bethlehem zurück, gründete dort ein Kloster mit einer Pilgerherberge und verbrachte dort auch den Rest ihrer Tage.

Zunächst fällt auf, dass sich *Paula* wo immer dies möglich war, der Reise per Schiff übers Meer bediente. Eine Schiffsreise war in der Antike zwar schneller und zumeist bequemer, zugleich aber riskanter als eine Reise über Land. Der *Pilger von Bordeaux* mag auf dem Landweg gut zweieinhalb Monate von Antiochia nach Rom gebraucht haben. *Paula* hatte – mit dem vorherrschenden Wind aus Nordwesten segelnd – von Ostia nach Antiochia maximal zwei Wochen Fahrtzeit einzuplanen. Der Bequemlichkeit halber, namentlich um »der glühenden Sommerhitze« zu entgehen, nutzte sie auf der Rückreise von Ägypten von Pelusium aus das Schiff bis nach Gaza. Die Schiffspassage war für vermögende Herrschaften in der Antike generell die vorgezogene Alternative zum Landweg – so offenbar auch bei den Pilgern.

Alle Reiserouten der *Paula* über Land, die Anreise, die Abstecher nach Ägypten und nach Kapernaum kann man gut in den Reichsitinerarien nachvollziehen. Ein Blick auf eine Karte, die die archäologisch erschlossenen Verkehrsverhältnisse im ›Heiligen Land‹ in der Spätantike darstellt (vgl. *Abbildung 10*), lässt auch schnell deutlich werden, dass sich weder der *Pilger von Bordeaux*, noch *Paula* oder *Egeria* fernab der Straßen, also quasi *offroad* bewegt haben. Und gewiss waren die beiden Damen mit ihrem Gefolge nicht zu Fuß unterwegs. Sie werden auf den gut ausgebauten Fernstrecken Reisewagen benutzt haben.[34] Lediglich in unwegsamem Gelände reisten *Egeria* und *Paula*

---

[33] Wie übrigens auch die beiden Melanien, vgl. Anm. 23.
[34] Es ist nicht überliefert, wohl aber sehr wahrscheinlich, dass sowohl *Egeria* als auch *Paula* ein Diplom zur Nutzung des *cursus publicus* besaßen. Die einzige frühchristliche Pilgerin,

auf einem Esel, Kamel oder gar zu Fuß. Doch darauf sei hingewiesen, dass eine solche maßstäbliche Karte wie die hier abgebildete, vermutlich kein Reisender in der Antike in Händen hatte – jedenfalls ist uns keine solche überliefert.[35] Die *Tabula Peutingeriana* mit ihren verzerrten Dimensionen und ihren lückenhaften Informationen war wahrscheinlich das Optimum, was den antiken Reisenden zur Verfügung stand.

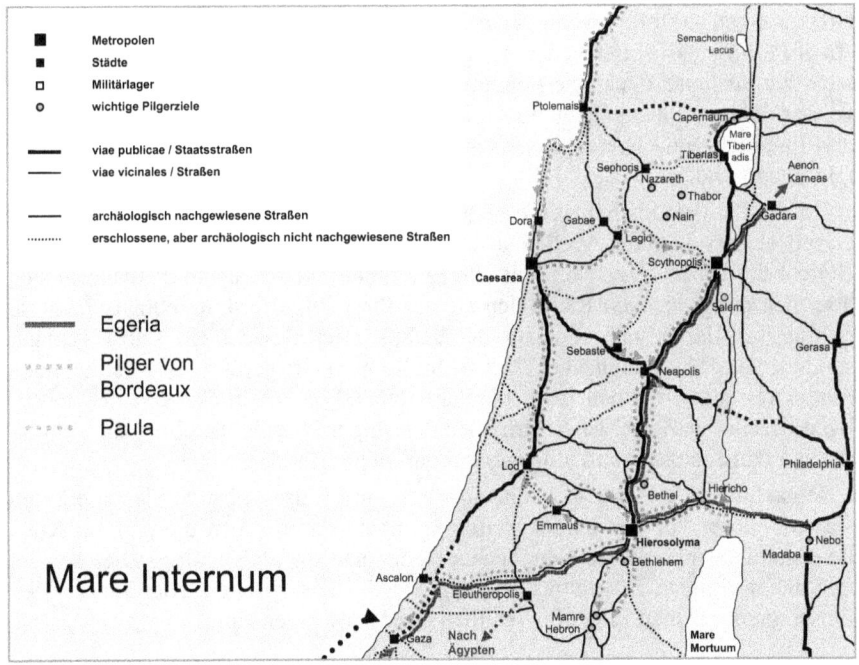

Abbildung 10: Karte, die die archäologisch erschlossenen Verkehrsverbindungen im ›Heiligen Land‹ in der Spätantike darstellt; eingetragen sind die Pilgerreisen des *Pilgers von Bordeaux*, der *Egeria* und der *Paula*

---

von der wir sicher wissen, dass sie den *cursus publicus* nutzen durfte, ist Melania d.J. – vgl. Gerontius, Vita Melaniae 52.

[35] Zwar besitzen wir einige maßstäbliche Stadtpläne oder Kataster aus der römischen Antike. Die überlieferten kartografischen Darstellungen von größeren Regionen, ganzen Landstrichen oder gar des *Orbis terrarum* sind jedoch allesamt nicht maßstäblich, vgl. P.D.A. HARWEY, Context.

Nach allem was wir wissen, mussten allerdings weder *Egeria* noch *Paula* über den schwer lesbaren Reichsitinerarien brüten. Sie wählten für ihre Reiseplanung den anderen, in der Antike sehr gebräuchlichen Weg: Die Hinweise von Ortskundigen. Der normale Reisende konnte sich durchaus von Hauptort zu Hauptort bewegen und die Informationen für die optimale Strecke jeweils vor Ort, etwa in den Herbergen oder Stationen von denjenigen erhalten, die die Strecken in der nächsten Umgebung bestens kannten. Man musste also nur die Route in ihren gröbsten Zügen kennen, die Details erfuhr man entlang der Strecke. Jedenfalls wissen wir von *Egeria*, dass sie immer wieder Hinweise von Ortskundigen erhielt,[36] wenn sie nicht gar von diesen direkt geführt wurde[37]. Auch *Paula* musste sich weder um die Route der Schiffspassage kümmern – das taten die Seeleute, denen sie sich anvertraute –, noch um die Routen über Land. Es war doch vielleicht schon ab Antiochia der Heilige Hieronymus ihr Begleiter und Führer[38] – und Hieronymus war einer der besten Kenner der Geografie des ›Heiligen Landes‹.

Solcherlei Vergünstigungen erhielten allerdings nur Angehörige der höchsten Gesellschaftsschichten. Vielleicht erklären aber diese Umstände, weshalb der Bericht der Dame *Egeria* oftmals den Eindruck erweckt, als ob die Autorin sich über den geografischen Raum den sie auf ihrer Pilgerreise durchmaß, nicht so richtig im Klaren war. Sie hat die Details ihrer Reise nicht selbst geplant, sondern wurde von biblischem Ort zu biblischem Ort geführt. Wie bei heutigen Studienreisenden bleiben dann durchaus lebendige Eindrücke von den jeweiligen Zielen der Reise, gewissermaßen den Pilger-Highlights, übrig, die geografischen Dimensionen sind hingegen oft gar nicht erfasst.

Je nachdem, ob Pilger gezwungen waren, ihre Reise selbst zu planen oder ob sie auf Führer vor Ort zurückgreifen konnten, waren ihnen die geografischen Dimensionen ihrer Reise sehr bewusst oder nahezu gleichgültig. Dies scheint mir die wichtigste Erkenntnis zu sein, die die Historische Geografie aus den Berichten der frühen Pilger ins ›Heilige Land‹ gewinnen kann.

---

[36] Durch Geistliche vgl. P. Eger. 11,1f; 12,2f; 16,3, durch Bischöfe vgl. 23,1; 8,4.
[37] Durch Geistliche vgl. P. Eger. 4f; 10,3; 14,1–15,6; 10,8f, durch Militärs vgl. 7,2; 9,3, durch Bischöfe vgl. 8,5; 20,2.
[38] So jedenfalls die Annahme von H. Donner, Pilgerfahrt, 135.

Ulrich Mell

Von elitärer zu öffentlicher Heiligkeit –

Beobachtungen zu einem frühchristlichen Paradigmenwechsel

›Tage der Weihe‹ nennt man [die Tage], da die heilige Kirche (sancta ecclesia), die auf Golgota steht und die man Martyrium nennt, Gott geweiht worden ist. Auch die heilige Kirche (sancta ecclesia), die bei der Anastasis steht, wo die Stelle ist, an der der Herr nach seinem Leiden auferstanden ist, wurde am selben Tag Gott geweiht. Weil am selben Tag das Kreuz des Herrn gefunden wurde, wird die Weihe dieser heiligen Kirchen (sanctae ecclesiae) mit größtem Aufwand gefeiert. ... Man findet außerdem in den Heiligen Schriften (scripturas sanctas), dass es dieser Weihetag war, an dem der heilige Salomo (sanctus Salomon), als das Haus Gottes geweiht wurde, das er gebaut hatte, sich vor den Altar stellte und betete, wie in den Büchern der Chronik aufgeschrieben ist.[1] Wenn dann die ›Tage der Weihe‹ gekommen sind, wird acht Tage lang gefeiert. Schon sehr viele Tage vorher beginnen Scharen von überall her zusammenzukommen, nicht nur Mönche und Apotaktiten[2]. ... Weltliche Personen, Männer und Frauen aus allen Provinzen, versammeln sich wegen dieses heiligen Tages (diem sanctum) in gleicher Weise mit gläubigem Herzen in Jerusalem (P. Eger. 48,1–49,1).

Dieser Abschnitt aus der sog. *Peregrinatio Egeriae* (auch Itinerarium Egeriae genannt),[3] den am Ende des vierten Jahrhundert in Konstantinopel in Briefen abgefassten Pilgerbericht einer von der Geschichtswissenschaft unter dem Namen ›Egeria‹ geführten Frau,[4] beschreibt das vierte christliche Hauptfest von Jerusalem: Es ist das neben Epiphanias, Ostern und Pfingsten jährlich zum 13. September[5] begangene achttägige Fest der Kirchweihe. Zurzeit von Egerias Pilgerreise – wahrscheinlich nach 397 und vor 415 n.Chr.[6] – ist das Kirchweihfest des heute *Grabeskirche* genannten Gebäudekomplexes, der damals noch aus

---

[1] Vgl. 2Chr 6,12–42.

[2] Selbstbezeichnung von Asketen nach Lk 14,33, die nicht notwendig in der Einsamkeit lebten, sondern auch Vorsteher von christlichen Gemeinschaften sein konnten, vgl. S. ELM, Art. Apotaktiten, RGG⁴ 1, 1998, Sp. 654.

[3] Zitat nach G. RÖWEKAMP (Hg.), Egeria Itinerarium Reisebericht. Mit Auszügen aus Petrus Diaconus De Locis Sanctis Die Heiligen Stätten, FC 20, Freiburg u.a. ²2000.

[4] Zum Überblick vgl. G. RÖWEKAMP, Art. Egeria, RGG⁴ 2, 1999, Sp. 1066; DERS., Art. Egeria, LAChrL³, 2002, 214f.

[5] Vgl. Eus., Vita Const. 3,25–40.

[6] Zur Datierung der Reise vgl. jetzt H. BLOEDHORN, Egerias Reisen im heiligen Land, s.o. in diesem Band.

zwei eigenständigen Kirchengebäuden bestand,[7] liturgisch assoziiert mit der Erinnerung an die Kreuzauffindung durch (Flavia Julia) Helena. Die Mutter von Kaiser Constantin soll anlässlich ihres Jerusalemer Aufenthalts im Jahre 326/7 n.Chr. das wahre (Holz-) Kreuz Jesu gefunden haben.[8]

Das ausgewählte Zitat versammelt wie kein anderer Text aus Egerias Pilgerbericht Heiligkeitsbegrifflichkeit:[9] Zunächst werden zwei christliche Kultgebäude »heilige Kirchen« genannt: Einerseits das sog. *Martyrium*, eine fünfschiffige Basilika, die Kaiser Konstantin zur gottesdienstlichen Versammlung auf Golgota in den Jahren 328–335 n.Chr. erbauen ließ, und andererseits die sog. *Anastasis*, eine Rotunde, die über dem angeblichen Grab Jesu wenig später als Erinnerungsstätte errichtet wurde[10]. Sodann wird einem Buch, das sowohl christliche als auch jüdische Texte enthält, darunter die sog. »Bücher der Chronik«, der Status einer Heiligen Schrift zugebilligt. Und eine Person, die in diesen Heiligen Schriften als Sprecher des sog. Tempelweihgebetes zu Wort kommt, wird nicht mit ihrem offiziellen Titel als König,[11] sondern als »heiliger Salomo« eingeführt. Schließlich wird die Freudenzeit des christlichen Kirchweihfestes ein »heiliger Tag« genannt.

Festliche Zeit, ein wichtiges Buch, ja, hervorragende Männer und großartige Bauten und, liest man Egerias Pilgerbericht weiter, auch kostbare Reliquien,[12] genießen in der christlichen Frömmigkeit Egerias den Status von Heiligkeit.[13] Ja, die Geweihtheit von Orten, Räumen, Gegenständen und Personen im christlichen Osten sind der entscheidende Grund, dass die wahrscheinlich einem Frauenkonvikt zugehörige Frau hohen Standes sich aus ihrer Heimat in Südfrankreich auf den weiten Weg macht, um die Stätten des ›Heiligen Landes‹[14]

---

[7] Zur baulichen Rekonstruktion vgl. M. KÜCHLER, Jerusalem. Ein Handbuch und Studienreiseführer zur Heiligen Stadt, OLB IV/2, Göttingen 2007, 433–440.

[8] Dazu R. KLEIN, Art. Helena II (Kaiserin), RAC 14, 1988, 355–375, ausführlich J.W. DRIJVERS, Helena Augusta. The Mother of Constantine the Great and the Legend of Her Finding of the True Cross, Brill's Studies in Intellectual History 27, Leiden 1992.

[9] Vgl. D.R. BLACKMAN/G.G. BETTS (Hg.), Concordantia in Itinerarium Egerianum, Hildesheim 1989.

[10] Fertiggestellt wahrscheinlich erst um 350 n.Chr., so M. KÜCHLER, Jerusalem, 437, mit Verweis auf Cyrill von Jerusalem, catech. 18,33.

[11] Vgl. 2Chr 5,6.

[12] Vgl. P. Eger. 36,5; 37,2f (Kreuz Jesu Christi).

[13] Der von Egeria gebrauchte lat. Begriff »sanctus« entwickelte sich in der röm. Spätantike zur umfassenden Heiligkeitsbezeichnung (vgl. A. DIHLE, Art. Heilig, RAC 14, 1988, Sp. 2–63).

[14] Zur atl.-jüd. Bezeichnung vgl. Ps 78,54; Weish 12,3; Sach 2,16; Philo, LegGai 207.330, dazu R.L. WILKEN, Art. Heiliges Land, TRE 14, 1985, 684–694. Mit dieser Bezeichnung

aufzusuchen.[15] Ja, ohne die Überzeugung, dass es heilige Stätten der Christenheit gibt, wären die Pilgerscharen des 4. und 5. Jahrhunderts wie zu aller Zeit wahrscheinlich nie zu ihrer oftmals beschwerlichen Fernreise zur Terra sancta aufgebrochen.

Auffällig ist nun, dass für die urchristliche Literatur der Zeit bis ca. 130 n.Chr.[16] die Vorstellung ›irdisch-dinglicher Heiligkeit‹ in der christlichen Theologie und Frömmigkeit weitgehend bedeutungslos ist.[17] Nicht, dass heilige Orte und Gebäude, heilige Zeiten und Menschen unbekannt seien, im Gegenteil: Das Urchristentum teilt mit der Antike das religiöse Weltbild, dass materielle Gottgeweihtheit entsteht, wenn Göttliches mit Weltlichem in Berührung kommt.[18] Nein, was auffällt, ist, dass das urchristliche Schrifttum kein eigenes heiliges christliches Buch, keinen eigenen heiligen christlichen Tag oder christliche Festzeiten, keine heilige Dinglichkeit von Gebäuden und Orten, Menschen und Reliquien kennt, so wie es Egerias christlicher Pilgerbericht drei Jahrhunderte später mit Selbstverständlichkeit berichtet.[19]

Ein Beispiel soll die Abwesenheit dinglicher Heiligkeitssemantik in urchristlicher Zeit belegen: Wenn Mk 15,46 auf den Bestattungsort Jesu zu sprechen kommt, ist in erzählerischer Nüchternheit davon die Rede, dass Josef von Arimathia den Leichnam Jesu »in ein in den Felsen gehauenes Grab (legte) und einen Stein vor den Eingang des Grabes (wälzte)«. Kein Wort verliert der Evangelist und mit ihm auch die drei anderen (vgl. Mt 27,60; Lk 23,53; Joh 19,41f) darüber, dass das Grab Jesu, immerhin Ort himmlischer Entrückung bzw. göttlich verursachter Auferstehung,[20] Heiligkeit auszeichnet.

---

wird in der späteren christlichen Theologie des 6. Jh. n.Chr. der Vorrang Palästinas bzw. Jerusalems begründet, vgl. Cyrill von Skythopolis, vita Sabae 57.

[15] Diese liegen für Egeria nicht nur in Palästina, sondern darüber hinaus auch auf dem Sinai, in Ägypten und in Nordmesopotamien.

[16] Versammelt im NT, bei den Apostolischen Vätern und den ntl. Apokryphen.

[17] Zur urchristlichen Heiligkeitssemantik, für die leitend der frühjüdische Sprachgebrauch resp. der der LXX ist, vgl. O. PROKSCH/K.G. KUHN, Art. ἅγιος κτλ., ThWNT 1, 1933, 87–116; G. SCHRENK, Art. ἱερός κτλ., ThWNT 3, 1938, 221–284; H. BALZ, Art. ἅγιος κτλ. EWNT² 1, 1992, Sp. 38–48; H. SEEBASS/K. GRÜNWALDT, Art. heilig/rein, TBLNT² 1, 1997, 887–892.894–898; A. DIHLE, Art. Heilig, Sp. 33ff. – Die LXX-Vorliebe für ἅγιος statt ἱερός erklärt sich als Ablehnung eines Terminus nichtjüdischer Kultsprache (so G. SCHRENK, ebd., Sp. 226).

[18] Zur vielfältigen Heiligkeitssemantik der Antike vgl. A. DIHLE, Art. Heilig, Sp. 2ff.

[19] Auf zwei Ausnahmen dinglicher Heiligkeitssemantik im Urchristentum ist aufmerksam zu machen: Nach 2Petr 1,18 findet die sog. *Verklärung Jesu* »auf einem heiligen Berg (ἐν τῷ ἁγίῳ ὄρει)« statt (vgl. Weish 9,8; Ps 14,1; 42,3), und ProtEvJak 6,1.3; 8,2 bezeichnet einen Betraum im Schlafzimmer von Maria, der Mutter Jesu, als »Heiligtum« (ἁγίασμα).

[20] Dazu J. BECKER, Die Auferstehung Jesu Christi nach dem Neuen Testament, Tübingen 2007, 24–27.

Um nun den Unterschied zu verstehen, dass am geschichtlichen Beginn des Christentums eine dingliche Heiligkeitsvorstellung fehlt, während sie im vierten Jahrhundert unbestrittener Teil (früh-)christlicher Identität ist, ist zunächst zu zeigen, welches spezifisches Heiligkeitsverständnis im Urchristentum vorliegt (1). Dabei sind zugleich die zeitgeschichtlichen Rahmenbedingungen zu erörtern, in denen sich die urchristliche Heiligkeitssemantik entfaltete (2). In einem dritten Teil ist sodann zu erläutern, wie das urchristliche Wertesystem mit der paganen Öffentlichkeit kommuniziert wurde (3), um abschließend in einer Art Ausblick die frühchristliche Adaption und Integration dinglicher Heiligkeitsvorstellung in der Constantinischen Zeit zu beschreiben (4).

Die theologiegeschichtliche Nachfrage möchte damit eine Antwort auf die Frage geben, warum erst im vierten Jahrhundert das massenhafte Phänomen einer Pilgerfahrt zu heiligen Stätten der Christenheit im Orient aufgetreten ist. Denn die Behauptung, dass es von Anfang an ein christliches Pilgerwesen gegeben hat, konnte bisher nicht belegt werden.[21]

1. Zur urchristlichen Heiligkeitsterminologie

Bereits in der unmittelbar ersten Zeit christlicher Gruppenbildung spielt Heiligkeitsbegrifflichkeit eine wichtige Rolle. Sie erscheint u.a. in theologischer[22], christologischer[23], pneumatologischer[24] und endzeitlich-eschatologischer[25] Hinsicht. Von Interesse ist in diesem Zusammenhang die ekklesiologische Ver-

---

[21] Gegen B. KÖTTING, Peregrinatio Religiosa. Wallfahrten in der Antike und das Pilgerwesen in der alten Kirche, Forschungen zur Volkskunde 33–35, Münster ²1980, 89; DERS., Wallfahrten in den ersten christlichen Jahrhunderten, in: Ders., Ecclesia peregrinans. Das Gottesvolk unterwegs. Gesammelte Aufsätze, MBTh 54/2, Münster 1988, 287–302, 290f. – Der erste christliche Pilger dürfte entweder Melito von Sardes Mitte des 2. Jh. n.Chr. gewesen sein, der »in den Orient gereist [war] und an den Schauplatz der Predigten und Taten gekommen« war (Eus., h.e. 4,26,14), oder erst Alexander von Kappadokien in der Mitte des 3. Jh. n.Chr., der »zum Gebet und zur Erkundung der (heiligen) Stätten« (h.e. 6,11,2) nach Palästina reiste. – Für das Problem unergiebig ist A. ANGENENDT, Heilige und Reliquien. Die Geschichte ihres Kultes vom frühen Christentum bis zur Gegenwart, München 1994, da das 1.–3. Jh. n.Chr. nicht in den Blick genommen wird, vgl. 123ff.

[22] Zu Gottes Heiligkeit vgl. z.B. Joh 17,11; 1Petr 1,15f; Hebr 12,10; 1Joh 2,20; Apc 4,8; 6,10 u.ö.

[23] Zur Bezeichnung des auferstandenen Christus als »Heiligen Gottes« vgl. Mk 1,24 par.; Joh 6,69; Apg 3,14, aber auch Lk 1,35; 1Joh 2,20; Apk 3,7.

[24] Zur Bezeichnung des Geistes als »heiliger Geist«, vgl. z.B. Mt 3,11 par.; Joh 20,22; Apg 2,1ff; 4,27ff.

[25] Zur endzeitlich-eschatologischer Erwartung von Jerusalem als »heiliger Stadt« vgl. Apk 21,2.10; 22,19.

wendung, und zwar die frühest erreichbare: In seinem im Jahre 54[26] oder 55 n.Chr.[27] in Ephesus verfassten Antwortschreiben an die von ihm gegründete Gemeinde von Korinth kommt der Apostel Paulus auf die wenige Jahre zuvor, nämlich im Jahre 48 n.Chr., auf dem sog. Jerusalemer Konvent vereinbarte Geldsammlung zu sprechen. Seine praktischen Anweisungen zur regelmäßigen, wöchentlich erfolgenden Rücklage beginnt er mit den Worten (1Kor 16,1):

Was die Sammlung für die Heiligen (τοὺς ἁγίους) betrifft, sollt auch ihr es so halten, wie ich es für die Gemeinden Galatiens angeordnet habe.

Mit dem allein stehenden Begriff »die Heiligen« bezeichnet Paulus nicht wie sonst in seinen Briefen pauschal Christusgläubige[28], sondern die Mitglieder einer einzigen Gemeinde, nämlich derjenigen von Jerusalem[29]. Diese hatte sich im unmittelbaren zeitlichen Anschluss an Jesu gewaltsamen Tod am Ort seines Sterbens unter dem Auferstehungsevangelium gebildet. Und für sie allein bzw. für die Unterstützung ihrer Not leidenden Gemeindeglieder ist das Geld bestimmt,[30] das jede von Paulus durch seine selbstständige Mission neu gegründete Gemeinde aus nichtjüdisch geborenen Gläubigen, also jede völkerchristliche Gemeinde, einsammeln soll.[31]

Da Paulus die titulare Bezeichnung ohne jegliche Erläuterung gebraucht, ist davon auszugehen, dass er geprägte soziologische Sprache benutzt. Damit aber stellen sich folgende Fragen: Hat die Jerusalemer Gemeinde sich selbst oder

---

[26] So datieren I. BROER, Einleitung in das Neue Testament II, Würzburg 2006, 372; P. POKORNY/U. HECKEL, Einleitung in das Neue Testament. Seine Literatur und Theologie im Überblick, Tübingen 2007, 239.

[27] So datiert U. SCHNELLE, Einleitung in das Neue Testament, Göttingen ^{5}2005, 75.

[28] Vgl. Röm 8,27; 12,13; 16,2.15; 1Kor 1,2; 6,1f; 14,33; 2Kor 1,1; 13,12; Phil 1,1; 4,21f; Phlm 5.7), nachpaulinisch Kol 3,12; Eph 6,18.

[29] Vgl. noch 2Kor 8,4; 9,1.12; Röm 15,25f.31. – Gegen FR. NÖTSCHER, Heiligkeit in den Qumranschriften, in: Ders., Vom Alten zum Neuen Testament. Gesammelte Aufsätze, BBB 17, Bonn 1962, 126–174, 162.

[30] Literatur zur paulinischen Kollekte bei H. MERKLEIN/M. GIELEN, Der erste Brief an die Korinther, ÖTK 7/3, Gütersloh 2005, 397f. – Vgl. C. COLPE, Die älteste judenchristliche Gemeinde, in J. Becker (Hg.), Die Anfänge des Christentums. Alte Welt und neue Hoffnung, Stuttgart u.a. 1987, 59–79, 72: »Es wird sich also bei den Armen, für die Paulus ... sammelt, um Personen handeln, die wirklich in materielle Not geraten waren. Hierfür allerdings kann es mehrere Gründe gegeben haben: wirtschaftliche und finanzielle Schwierigkeiten, wie sie jeden heimsuchen können; die Schwierigkeit für Galiläer mit vornehmlich dörflichen Berufen, in einer Stadt wie Jerusalem Arbeit zu finden; die in Apg 11,27f erwähnte Hungersnot ...; und der eschatologische Besitzverzicht« (vgl. Apg 2,44–47; 4,32–37; 5,3f).

[31] Für die Kollekte in den von Paulus gegründeten Gemeinden in Galatien vgl. 1Kor 16,2, für diejenige in Philippi, Thessaloniki und Korinth vgl. Röm 15,26.

haben ihr Außenstehende die Bezeichnung ›die Heiligen‹ gegeben und sodann: mit welchem Überzeugungsgehalt war die Benennung verbunden?

Für die zum palästinischen Judentum gehörende christliche Gemeinde von Jerusalem liegt die Vermutung nahe, dass frühjüdische Heiligkeitsbegrifflichkeit[32] aufgegriffen wird. Für das Heiligkeitsverständnis jüdischer Heiliger Schrift ist maßgebend, dass alle Heiligkeit von Gott ausgeht, dem Heiligen κατ'ἐξοχήν (vgl. 1Petr 1,16).[33] Was in der Nähe des jüdischen Gottes existiert, so die (guten) Engel im Himmel,[34] aber auch die am irdischen Heiligtum Dienst tuenden Priester,[35] wird heilig genannt,[36] im Zusammenhang der Erwählungsvorstellung auch das aus allen Völkern berufene »heilige Volk«[37] Israel.

Interessanterweise findet sich nun erst in alttestamentlichen und frühjüdischen Schriften aus hellenistischer Zeit die Bezeichnung von Laien als »Heilige«.[38] In Besonderheit ist zunächst auf eine kleine jüdische Apokalypse (aus dem 2. Jh. v.Chr.) hinzuweisen (TestLev 18,10–14)[39]:

10 Und er (sc. Gott) wird die Tore des Paradieses öffnen,
    und wird das gegen Adam drohende Schwert entfernen.
11 Und er wird den Heiligen vom Baum des Lebens zu essen geben,
    und der Geist der Heiligung wird auf ihnen ruhen.
12 Und Beliar wird von ihm gebunden werden,
    und er wird seinen Kindern Macht geben, auf die bösen Geister zu treten.
13 Und der Herr wird sich über seine Kinder freuen,
    und wird an seinen Geliebten Gefallen haben bis in Ewigkeit.

---

[32] Zur atl. Heiligkeitssemantik (ältere Arbeiten bei Fr. Nötscher, Heiligkeit, 129, Anm. 11) vgl. H.-P. Müller, Art. קדש, THAT 2, 1976, 589–609; A. Dihle, Art. Heilig, 26–31; G. Larsson, Art. Heilige/Heiligenverehrung II. Judentum, TRE 14, 1985, 644–646; D. Kellermann, Art. Heiligkeit II. Altes Testament, a.a.O., 697–703; W. Kornfeld/ H. Ringren, Art. קדש, ThWAT 6, 1989, Sp. 1179–1204; J. Milgrom, Art. Heilig und profan II. Altes Testament, RGG⁴ 3, 2000, Sp. 1530–1532; Th. Pola, Heiligkeit im Alten Testament. Ethische Relevanz und Wendepunkte der Traditionsgeschichte, in: D. Sänger (Hg.), Heiligkeit und Herrschaft. Intertextuelle Studien zu Heiligkeitsvorstellungen und zu Psalm 110, BThSt 55, Neukirchen-Vluyn 2003, 27–43.

[33] Vgl. im AT bes. 1Sam 6,20; Hi 6,10; Sir 23,9; 43,10; Jes 5,16; 43,3; Hab 1,12; 3,3.

[34] Vgl. im AT: Ex 15,11 LXX; Dtn 33,3; Ps 88(9),6.8; Hi 5,15; 15,15; Weish 5,5; Sir 42,17; Sach 14,5; Dan 4,10.14.20; 7,21f; 8,13, frühjüdisch: äthHen 1,9; 100,5; 1QM 7,6; 12,7; 1QH 3,21f u.ö., und urchristlich: 1Thess 3,13; 2Thess 1,10.

[35] Vgl. z.B. 1Makk 1,46; 2Chr 26,18; Ez 48,11; 1QSb 3,26; 1QH 19 (11),12; 1QS 11,8 u.ö.

[36] Vgl. das sog. *Heiligkeitsgesetz* Lev 17–26, insbes. 11,44f; 19,2; 22,32: »Ich bin JHWH, der euch heiligt«.

[37] Vgl. Ex 19,6; Dtn 7,6; 14,2.21; 28,9; Dan 8,24; 12,7.

[38] In der LXX nur Ps 16,3; 33,10, vgl. auch äthHen 43,4; 50,1; 51,2; 62,8; 65,12; 100,5.

[39] Übersetzung J. Becker, JSHRZ III/1, 61. Zur Datierung vgl. ebd. 25f.

14 Dann werden auch Abraham und Isaak und Jakob jubeln,[40]
und alle Heiligen werden sich mit Jubel bekleiden.

Diese apokalyptische Erwartung beschreibt die Zukunft nach dem Grundsatz, dass die letzen Dinge wie die ersten sein werden (vgl. Barn 6,13): Die Menschen können ins Paradies zurückkehren, der Tod wird nicht mehr sein und das Böse besitzt keine Macht.[41] Gott freut sich zusammen mit den Erzvätern an seinen geliebten Heiligen, die, vom Geist geleitet, ein heiliges Leben führen.

In zweiter Hinsicht ist auf die sog. *Kriegsrolle* aus Qumran hinzuweisen (Anfang des 1. Jh. n.Chr.), die den endzeitlichen Kampf der *Söhne des Lichtes* gegen die *Söhne der Finsternis* für den Sieg der Gottesherrschaft[42] schildert. Zu zitieren ist 1QM 12,3–5[43]:

3 Und die segensreichen Gnadenerweise [...] und den Bund deines Heils hast du ihnen eingegraben mit dem Griffel des Lebens, um zu herrschen [über sie] in alle ewigen Zeiten *4* und zu mustern die He[erscharen] deiner [Erwähl]ten nach ihren Tausendschaften und Zehntausendschaften zusammen mit deinen Heiligen [und mit] deinen Engeln zur Machtentfaltung der Hand *5* im Kriege ...

in Verbindung mit 1QM 10,10f:

Das Volk der Heiligen des Bundes und derer, die im Gesetz belehrt sind, der einsichtigen Weisen [...], die die Stimme des Geehrten hören und *11* die heiligen Engel schauen, deren Ohr geöffnet ist und die Unergründliches vernehmen ...

Durch die Kombination beider Texte ist erkennbar, dass neben himmlischen Engeln auch irdische und nicht am Kult beteiligte Personen als ›Heilige‹ bezeichnet werden. Die mehrteilige Terminologie »das Volk der Heiligen des Bundes« (1QM 10,10) lässt dabei erkennen, dass die Gruppe der Heiligen nur einen Teil von Israel umfasst:[44] Gemeint sind nur diejenigen Juden, die den Bund halten und, im Gesetz belehrt, mit himmlischer Wahrheitserkenntnis ausgerüstet sind.[45]

---

[40] V. 14b ist ein redaktioneller Einschub, der die Apokalypse in den Text des TestLev einbindet.

[41] Vgl. Gen 3.

[42] Vgl. 1QM 6,6.

[43] Beide Texte nach E. LOHSE (Hg.), Die Texte aus Qumran. Hebräisch und Deutsch, Darmstadt 1971.

[44] Vgl. im AT die Heiligkeitsterminologie für einen Teil Israels: Weish 18,9 über die Exodus-Teilnehmer, Jes 4,3 über die Überlebenden von Jerusalems Untergang, TrJes 62,12 hingegen über die Exulanten in Babylon.

[45] Vgl. aus 1QM noch 3,4f; 6,6; 12,4.8; 14,12; 16,1 u.ö., aus den Qumranschriften noch 1QS 11,8 sowie die ca. 200 Belege in den Liedern zu den Sabbatopferliturgien, dazu C. NEWSOM, Songs of Sabbath Sacrifice, HSSt 27, Atlanta 1985.

Zusammenfassend lässt sich mithin sagen, dass in hellenistisch-römischer Zeit unter die Heiligen zunehmend nur noch diejenigen Frauen und Männer in Israel gezählt werden, die von einer Erneuerung Israels Religion im Sinne des Hellenismus Abstand nehmen und sich konsequent für die rituelle Befolgung der Mosethora einsetzen.

Sprechen beide frühjüdischen Texte in Hinsicht auf die Endzeiterwartung von H(h)eiligen (Personen), so lebte die Qumrangemeinschaft (ca. 1. Hälfte des 2. Jh. v.Chr.–68 n.Chr.) bereits in der Gegenwart das soziologische Konzept von Heiligkeit. Die priesterliche Qumrangemeinschaft, deren Stützpunkt seit ca. 100 v.Chr. in der Judäischen Wüste, genauer am Nordwestufer des Toten Meeres lag, war nämlich davon überzeugt, dass der bestehende Jerusalemer Tempelkult verunreinigt sei[46] und darum nicht mehr die nötige Versöhnung zwischen Israel und Gott stiften könne. Als Priestergruppe konstituierte sie sich als Ersatz-Sühnegemeinschaft für Israel[47] solange, bis entweder der Jerusalemer Tempel in kultisch korrekter Weise wiederhergestellt oder die eschatologische Endzeit selbst[48] hereingebrochen ist.

Dementsprechend war das Selbstverständnis der Qumrangemeinde davon geprägt, sich als »heilige Gemeinde«[49], »heiliger Rat«[50] und »heilige Gemeinschaft«[51] zu verstehen, so dass sich ihre priesterlich-reinen Mitglieder[52] als »Männer der Heiligkeit«[53] bzw. »Männer der vollkommenen Heiligkeit«[54] bezeichneten.

---

[46] Aufgrund eines falschen Kalenders, dazu J. MAIER, Die Qumran-Essener: Die Texte vom Toten Meer Bd. 1, utb 1862, München 1995, XV–XVII; J.C. VANDERKAM, Calendars in the Dead Sea Scrolls. Measuring Time, London 1998; U. GLESSMER, Art. Zeitrechnung IV. Judentum, TRE 36, 2004, 601–606.

[47] Vgl. L.H. SCHIFFMAN, Community Without Tempel. The Qumran Community's Withdrawal from the Jerusalem Temple, in: B. Ego u.a. (Hg.), Gemeinde ohne Tempel, WUNT 118, Tübingen 1999, 267–284 (Lit.); J. MAIER, Bausymbolik, Heiligtum und Gemeinde in den Qumrantexten, in: A. Vonach/R. Meßner (Hg.), Volk Gottes als Tempel, Synagoge und Kirchen 1, Berlin/Wien 2008, 49–106.104.

[48] Vgl. 11QT 29,9, dazu U. MELL, Neue Schöpfung. Eine traditionsgeschichtliche und exegetische Studie zu einem soteriologischen Grundsatz paulinischer Theologie, BZNW 56, Berlin/New York 1989, 104–110.

[49] 1QSa 1,12.

[50] 1QS 2,25; 5,20; 8,21; 1QSa 2,9; 1QH 7,10; CD 20,24f.

[51] 1QS 9,2.

[52] Vgl. 1QS 8,5f.11, vgl. Jos., Bell 1,129f, dazu R. BERGMEIER, Die Essenerberichte des Flavius Josephus. Quellenstudien zu den Essenerberichten im Werk des jüdischen Historiographen, Kampen 1993, 83–86.

[53] 1QS 5,13.18; 8,17.23; 9,8 (= 4Q258 col. 7 [frg.4],7).

[54] 1QS 8,20; CD 20,2.5.7.

Mit diesen frühjüdischen Beispielen dürfte zweierlei zum urchristlich-ekklesiologischen Heiligkeitsverständnis geklärt sein: Die Inspiration, sich ›die Heiligen‹ zu nennen, dürfte die Jerusalemer Gemeinde aus zeitgenössischer frühjüdischer Theologie übernommen haben. Sie stellt keine Fremdbezeichnung für die Christen in Jerusalem, etwa aufgrund der Wahrnehmung ihres rituell-reinen oder ethisch-korrekten Verhaltens dar.[55] Vielmehr haben die Mitglieder der Jerusalemer Gemeinde sich selbst als das endzeitlich-eschatologische *Israel in Israel* benannt und entsprechend verstanden.

Von der Jerusalemer Gemeinde ist aber noch eine weitere Selbstbezeichnung bekannt. In seinem um 54[56] oder 55[57] n.Chr. verfassten Gemeindeleitungsbrief an die Christen in Galatien erwähnt Paulus, dass er auf dem schon erwähnten Jerusalemer Konvent mit dem Führungsgremium der Gemeinde von Jerusalem eine Vereinbarung über die Anerkennung der in der Gemeinde im syrischen Antiochien praktizierten gesetzesfreien Völkermission getroffen habe. Dabei erwähnt Paulus Gal 2,9, dass die drei Männer *Jakobus und Kephas und Johannes* innerhalb wie außerhalb von Jerusalem als *Säulen* gelten.

Personen als ›Säulen‹ zu charakterisieren, spricht metaphorisch Bände. Da die Bildlichkeit nicht in alttestamentlicher und/oder frühjüdischer Literatur vorgeprägt ist,[58] muss auf ihren sachlichen Bildspender geachtet werden. Bei einer Säule ist dies ihre bauliche Verwendung: Als runde Stütze aus Holz oder Stein gefertigt, besitzen Säulen für ein Bauwerk entweder tragende, statische Funktion, so etwa für dessen Dachkonstruktion oder Architrav. Oder sie können in dekorativer Hinsicht ein Gebäude als Blend- oder Halbsäulen schmücken.[59]

---

[55] Vgl. L. SCHENKE, Die Urgemeinde. Geschichtliche und theologische Entwicklung, Stuttgart u.a. 1990, 86.

[56] So datieren P. POKORNY/U. HECKEL, Einleitung, 228.

[57] So datiert U. SCHNELLE, Einleitung 114.

[58] Mit M. KARRER, Petrus im paulinischen Gemeindekreis, ZNW 80, 1989, 210–231, 215, Anm. 34, gegen R.D. AUS, Three pillars and Three Patriarchs. A Proposal Concerning Gal 2,9, ZNW 70, 1979, 252–261, der zur Deutung der Säulen in Analogie zu den drei Erzvätern nur späte rabbinische, frühmittelalterliche Belege beibringen kann. Aber auch der Verweis von M. KARRER, Petrus, 215, auf Jer 1,18 überzeugt nicht, da das Gotteswort an Jeremia von »einer (!) eisernen Säule« spricht. Schließlich ist auch die frömmigkeitsbezogene Deutung von N. WALTER, Die »als Säulen Geltenden« in Jerusalem – Leiter der Urgemeinde oder exemplarisch Fromme?, in: Kirche und Volk Gottes, FS J. Roloff, hg. v. M. Karrer u.a., Neukirchen-Vluyn 2000, 78–92, abzulehnen, insofern wiederum nur ein später rabbinischer Beleg beigebracht wird (88f).

[59] Vgl. CHR. HÖCKER, Art. Säule, DNP 10, 2001, Sp. 1213–1225. Von der Dreizahl her ausgeschlossen ist der Bildspender eines vereinzelt stehenden Säulenmonumentes, wie es 1Tim 3,15 für die christliche Kirche insgesamt aussagt, vgl. noch DERS., Art. Säulenmonumente, ebd., Sp. 1226–1229.

Säulen können bei jedem Bautyp, also sowohl bei privaten Wohn- wie auch bei öffentlichen Repräsentativ- und Kultbauten Verwendung finden.

Die in der Jerusalemer Gemeinde als tragende[60] ›Säulen‹ bezeichneten drei Gottesmänner[61] zeichnet in der Tat Besonderes aus: Sie unterscheiden sich hinsichtlich ihrer Herkunft aus Galiläa[62] von anderen Ortes gebürtigen Gläubigen. Als in Galiläa Wohnhafte kannten sie zudem bereits zu Lebzeiten den in der Jerusalemer Gemeinde als Kyrios/Herrn verehrten Jesus[63]: Jakobus war mit Jesus am längsten vertraut, war er doch sein (älterer?) Bruder,[64] der mit ihm die Kinder- und Jugendzeit in der im galiläischen Nazaret siedelnden Familie verbracht hatte. Johannes, der Sohn des Fischers Zebedäus,[65] übte gleichermaßen wie Kephas, der ursprünglich Simon hieß[66] und aus der Stadt Betsaida an der Jordanmündung stammte[67], aber mit seiner Frau im nahe gelegenen Kapernaum im Haus seiner Schwiegermutter wohnte,[68] dasselbe Handwerk[69] am Galiläischen See aus. Beide Fischer stießen zu Jesus, als dieser am Nordwestufer in der Gegend von Kapernaum, Chorazin und Betsaida[70] seine Botschaft von der ankommenden Gottesherrschaft ausrichtete.[71] Und beide Jünger gehörten zu-

---

[60] Vgl. die urchristliche Analogie, dass Apk 3,12 den in der Bedrohungszeit standfest gebliebenen Christen verheißt, im endzeitlichen Tempel zu einer von seinen »Säulen« zu werden. Gegen die metaphorische Interpretation von U. WILCKENS, Art. στῦλος, ThWNT 7, 1964, 732–736, 734, dass »die drei Genannten als Grundpfeiler« die Kirche tragen: Pfeiler als Fundamentierung eines Großbaus wären in Palästinas überwiegend steiniger Landschaft recht ungewöhnlich, vgl. aber nachpaulinisch: Apk 21,14.19f die Apostel als Grundsteine, ähnlich Eph 2,20 (+ Propheten vgl. 3,5; 4,11).

[61] Als sprachliche Analogie für die Dreiheit ist auf die atl.-frühjüdische wie urchristliche Erwähnung der drei Erzväter »Abraham und Isaak und Jakob« hinzuweisen, vgl. Gen 50,24; Ex 2,24; 6,3.8; 32,13; 33,1; Num 32,11; Dtn 1,8; 6,10; 9,27; 29,12; 30,20; 34,4; 2Sam 13,23; 2Makk 1,3; 4Makk 7,19; 13,17; 16,25; TestLev 18,14; Mt 8,11; Lk 13,28; Apg 7,32; Barn 8,4; IgnPhil 9,1; ProtJak 20,2. Alle drei Erzväter werden frühjüdisch zu den großen Gottesmännern gezählt, vgl. OrSib 2,245–248; Barn 8,4; IgnPhil 9,1.

[62] Vgl. Apg 2,7 sowie Mk 14,70, insofern eine Jerusalemerin sich abschätzig über den Galiläer Petrus äußert. Der Seitenreferent präzisiert auf die Sprache, das damals in Galiläa gesprochene Aramäisch, das einen eigenen Dialekt besaß (vgl. Mt 26,73).

[63] Vgl. nur 1Kor 12,3.

[64] Vgl. Mk 6,3 (par. Mt 13,55), dazu W. PRATSCHER, Art. Jakobus, Bruder Jesu, RGG⁴ 4, 2001, 360f.

[65] Vgl. Mt 16,17; Joh 1,42; 21,15–17.

[66] Vgl. Lk 24,34.

[67] Vgl. Joh 1,44.

[68] Vgl. Mk 1,30, auch 1,21.23.29.

[69] Vgl. Mk 1,16.

[70] Vgl. Lk 10,13f par.

[71] Vgl. Mk 1,16–20 par.; Lk 5,1–10.

sammen mit Simon zu den engsten Vertrauten von Jesus:[72] Als Sprecher des Jüngerkreises verlieh Jesus sogar letzterem den Ehrentitel Kephas, griechisch: »Petrus«, was soviel wie *Edelstein* bedeutet.[73] Die spätere Mitgliedschaft in der Jerusalemer Urgemeinde[74] wurde für alle drei durch eine außergewöhnliche Erfahrung begründet, nämlich die nicht jedem Gemeindechristen[75] zuteil werdende visionäre Zeugenschaft von der Auferstehung des gestorbenen Jesus (vgl. 1Kor 15,3b–5).

Noch ist die Geschichte der Jerusalemer Gemeinde nach ihrer organisatorischen Seite hin nicht geschrieben, aber so viel kann doch über die Amtszeit des Leitungsgremiums gesagt werden: Jakobus, Kephas und Johannes dürften ca. zehn Jahre die gemeinsame Leitung der Jerusalemer Gemeinde innegehabt haben.[76] Das lässt sich zunächst aus dem Gal indirekt erschließen, insofern Paulus das Dreigestirn zur Zeit des Jerusalemer Konvents im Jahre 48 n.Chr. amtieren sieht und für die Galatischen Gemeinden im Jahre der Abfassungszeit seines Briefes 55/56 n.Chr. keine Korrekturen nachtragen muss. Das in dieser Zeit ungleichmäßig zusammengesetzte Leitungsgremium – nämlich aus einem Familienglied, dem Jesusbruder Jakobus, und zwei Jesus-Sympathisanten, nämlich Petrus und Johannes – dürfte ursprünglich nur aus familienfremden Jesusanhängern, nämlich Simon und den beiden Zebedäussöhnen Johannes und Jakobus gebildet worden sein.[77] Da jedoch der Zebedaide Jakobus in den Jahren vor 44 n.Chr. gewaltsam unter Herodes Agrippa I. (40–44) zu Tode kam,[78] wurde dieser durch den Herrenbruder Jakobus ersetzt, der schon längere Zeit eine gewichtige Rolle in der Jerusalemer Gemeinde spielte (vgl. Gal 1,19). Wann genau das Dreiergremium aus galiläischen Jesusjüngern eingerichtet wurde, ist unklar, nur, dass zunächst Petrus aufgrund seines Osterzeugenprimats (vgl. 1Kor 15,5; Lk 24,34) die Jerusalemer Gemeinde von ihrem Beginn im Jahre 30 n.Chr. führte (vgl. Gal 1,18f; Apg 2–4)[79]. Da Petrus nach einer

---

[72] Vgl. Mk 5,37 par.; 9,2 parr.; 13,3; 14,33.

[73] Vgl. Joh 1,42; Mk 3,16 parr., dazu J. BECKER, Simon Petrus im Urchristentum, BThSt 105, Neukirchen-Vluyn 2009, 17.

[74] Vgl. Apg 1,13.

[75] Vgl. Joh 20,29.

[76] Gegen J. ROLOFF, Kirche, 80; DERS., Neues Testament, 98f.

[77] Vgl. C. COLPE, Gemeinde, 74.

[78] Vgl. Mk 10,35–45; Apg 12,2f, dazu C. COLPE, Gemeinde, 74.

[79] Dazu J. BECKER, Simon Petrus, 20f. – Dass ein aufgefüllter 12er-Apostelkreis (Judas hatte aufgrund des Verrates Selbstmord begangen, vgl. Mt 27,5; Apg 1,18) die Jerusalemer Gemeinde von Beginn an leitete (vgl. Apg 1,15–26), ist historisch unwahrscheinlich, da nicht alle der von Jesus zeichenhaft für die Adressierung seiner Verkündigung an ganz Israel (zwölf Stämme) ausgewählten zwölf Jünger, deren genaue Namen zudem in der Überlieferung schwankt (vgl. Mk 3,16–19 parr.; Apg 1,13), den Weg zur christlichen Gemeinde fanden. So ist es nicht verwunderlich, dass der 12er-Apostelkreis in der weiteren Apg keine Rolle spielt, vielmehr in Apg 3–12 Petrus und der Zebedäussohn Johannes gemeinsam auftreten (vgl. 3,1.3f.11; 4,13.19; 8,14). »Dabei könnte Jakobus bewusst verschwiegen worden sein, weil« Lukas mit der Apg »für die gesetzesfreie Völkermission ein(tritt), mit der Jakobus und Teile der Jerusalemer Gemeinde ihre Probleme hatten (vgl. Apg 15,1.5.13–21; Röm 15,31; Gal 2,12)« (so J. BECKER, Simon Petrus, 29).

Übergangszeit der von Jerusalem aus durchgeführten Inspektion palästinischer (vgl. Apg 9,32–10,48) wie nordsyrischer Gemeinden (vgl. Gal 2,14) schließlich in die außerpalästinische Mission wechselte (vgl. 1Kor 9,5) und Johannes von der Autorität des Herrenbruder Jakobus überflügelt wurde, ist anzunehmen, dass Mitte der 50er Jahre mit Jakobus das Kalifat in der Jerusalemer Gemeinde begann (vgl. Gal 2,12), das bis zum Jahre 62 n.Chr. dauerte, als der als »der Gerechte« titulierte (Hegesipp nach Eus., HE 2,23,4–18) angesichts eines Jerusalemer Machtvakuums als angeblicher Gesetzesübertreter hingerichtet wurde (vgl. Jos, Ant 20,200).

Verbindet man nun die soziologische Heiligtitulatur der Gemeindeglieder mit der Säulenmetaphorik über ihre Leitung, so legt sich der Schluss nahe, dass die Jerusalemer Gemeinde sich als ein *geistlicher Menschenbau* verstand: Zusammengesetzt aus den Gläubigen an das Auferstehungsevangelium und aus den hervorragenden Zeugen von Christi Auferweckung garantierte ihre Leitungstrias die inhaltliche Nähe zur Theologie der ankommenden Gottesherrschaft des in der Jerusalemer Fremde verstorbenen Galiläers Jesus.

Da sich die Jerusalemer Christengemeinschaft in unmittelbarer Nähe zu dem von König Herodes I. seit 20 v.Chr. monumental ausgebauten und erneuerten Tempelanlage versammelte, ist es nicht von der Hand zu weisen, dass ihre ekklesiologische Gebäudemetaphorik einen Bezug zur Tempelarchitektur hatte.[80] Denn vielleicht nicht die äußere Fassade des Tempelgebäudes,[81] so aber doch der Eingang von der Vorhalle in das innere Tempelgebäude war mit (2 + 2?) Säulen flankiert,[82] aber auch das sonstige Tempelareal, z.B. die mächtige

---

[80] So M. BACHMANN, Art. Tempel III. Neues Testament, TRE 33, 2002, 54–65, 62.

[81] Versuche, das Aussehen des Herodianischen Tempelgebäudes auf der einzig zugänglichen Basis antiker Schriften zu rekonstruieren (vgl. die Überblicke von D. BAHAT, The Herodian Temple, in: CHJud 3, 1999, 38–58, 57; V. FRITZ, Art. Tempel II. Alter Orient und Altes Testament, TRE 33, 2002, 46–54, 51) führen zu unterschiedlichen Rekonstruktionsvorschlägen (vgl. TH.A. BUSINK, Der Tempel von Jerusalem von Salomo bis Herodes. Eine archäologische-historische Studie unter Berücksichtigung des westsemitischen Tempelbaus 2, SFSMD 3, Leiden 1980, Abb. 242.245.253; A. LICHTENBERGER, Die Baupolitik Herodes des Großen, ADPV 26, Wiesbaden 1999, 131–135, dazu das Resumeé von G. FASSBECK, »Unermeßlicher Aufwand und unübertreffliche Pracht« [bell 1,401]. Von Nutzen und Frommen des Tempelneubaus unter Herodes dem Großen, in: Zeichen aus Text und Stein. Studien auf dem Weg zu einer Archäologie des Neuen Testaments, hg. v. St. Alkier/J. Zangenberg, TANZ 42, Tübingen/Basel 2003, 222–249, 224f: »Versuche, das Aussehen ... des Tempelkomplexes auf der Basis der antiken Schriften zu rekonstruieren ... differieren in vielen Details, u.a. abhängig davon, welche der literarischen Quellen für am ehesten zuverlässig gehalten wird. ... Die Diskussion um das genaue Erscheinungsbild des Tempels wird auf absehbare Zeit eine unter Textforschern geführte bleiben ...«). – Methodisch falsch N. WALTER, Säulen, 85, der vom 587 v.Chr. zerstörten vorexilischen (Ersten) Tempelbau ausgeht.

[82] Vgl. Jos., Ant 15,394f (anders: Bell 5,210; mMid 3,7f). – Auf Basis der Numismatik, insbes. von Münzen des Bar-Kochba-Aufstandes, rekonstruiert M. AVI-YONAH, The Facade of Herod's Temple, an Attempted Reconstruction, in: J. Neusner (Ed.), Religions in

›königliche Halle‹ im Süden,[83] aber auch die teils vorherodianische sog. ›Halle Salomos‹ im Osten[84], wies viele (tragende) Säulen auf.

Die Vermutung, dass ein Bezug der ekklesiologischen Heiligkeitsmetaphorik zum Jerusalemer Heiligtum bestand, dürfte sich wiederum mithilfe des frühen 1.Korintherbriefes des Paulus verstärken lassen, wenn 1Kor 3,16a mit der Gemeindewissen anzeigenden Formulierung: »Wisst ihr nicht, dass ...«,[85] eine geprägte urchristliche Tradition (Vv. 16b.17*)[86] vorstellt:

V.16b	1a	Ihr seid Tempel Gottes,
c	b	und[87] der Geist Gottes wohnt unter[88] euch.
V.17a	2a	Verdirbt jemand den Tempel Gottes,
b	b	wird Gott diesen verderben!
c	3a	Denn der Tempel Gottes ist heilig,
d	b	diejenigen (sc. die ihn bilden) seid ihr.

Dieses vor- bzw. nebenpaulinische Traditionsstück, dessen wichtigstes Stichwort der drei Mal genannte »Tempel Gottes« ist, enthält ein »geschlossene[s] semantische[s] Feld, bestehend aus Geist Gottes, Tempel Gottes, wohnen, heilig sein und der Warnung, den Tempel nicht zu

---

Antiquity, FS E.R. Goodenough, Leiden, 1970, 327–335, dabei ist umstritten, ob die Drachmen mit abgebildeten vier oder zwei Säulen den äußeren Eingang zum Tempelbau oder den inneren Eintritt zum Tempelheiligtum zeigen wollen (vgl. J. PATRICH, The Structure of the Second Temple. A New Reconstruction, in: Ancient Jerusalem Revealed, ed. by H. Geva, Jerusalem 1994, 260–271, mit D. BARAG, The Table of the Showbread and the Facade of the Temple on Coins of the Bar-Kokhba Revolt, in: Ebd., 272–276).

[83] Vgl. Jos., Ant 15,393.411–416.

[84] Vgl. Jos., Ant 15,401; 20,221; Joh 10,23; Apg 3,11; 5,12.

[85] Vgl. 1Kor 5,6; 9,13.24.

[86] Unbegründet abgelehnt von M. VAHRENHORST, Kultische Sprache in den Paulusbriefen, WUNT 230, Tübingen 2008, 147f, Anm. 48. – Hinweise auf vor- bzw. nebenpaulinisches Traditionsgut sind (dazu J. BECKER, Die Gemeinde als Tempel Gottes und die Tora, in: Das Gesetz im frühen Judentum und im Neuen Testament, FS Chr. Burchard, NTOA 57, Göttingen/Freiburg [CH] 2006, 9–25, 9f): 1. Die thematische Einheitlichkeit, 2. die formale Rundung der Aussage mit einer Inklusion (vgl. die Inklusion Gal 3,26–28*, dazu U. MELL, Schöpfung, 306f), 3. die sakral-bauliche Metaphorik im Unterschied zum Kontext (1Kor 3,5–9 agrarische, Vv. 10–15 bauliche Metaphorik), 4. die dreifache Nennung des zentralen Stichwortes »Tempel Gottes«, wobei 5. einmal Artikellosigkeit beim Nomen wie beim Genitiv auf LXX-Sprachgebrauch verweist (vgl. FR. BLASS/A. DEBRUNNER, Grammatik des neutestamentlichen Griechisch, bearb. v. Fr. Rehkopf, Göttingen [15]1979, § 259.1), 6. der Wechsel in V. 16f zur 2. Person Plural und 7. der inhaltliche Widerspruch von V. 17a zu V. 15b, der kurz zuvor die Rettung desjenigen aussagt, der sich an der christlichen Gemeinde vergangen hat.

[87] Vgl. J. BECKER, Gemeinde, 10, Anm. 2: »Das ‚und' ist explikativ zu verstehen«.

[88] Zur Übersetzung von ἐν mit »unter« vgl. die atl. Vorstellung vom Wohnen Gottes unter seinem Volk (Lev 26,12).

verderben«[89], weil dieser unter Gottes Schutz steht. Bildspender ist der Jerusalemer Tempel,[90] in dem nach atl.-jüd. Überzeugung Gott selbst wohnt.[91] Gerade aufgrund göttlicher Anwesenheit ist er (hoch-) »heilig«.[92] Verderben unreine Priester den Kult[93] oder entweihen ihn Eindringlinge[94] oder überschreiten Nichtjuden die Grenze des »Allvölkerhofes« (4Makk 4,11) zum inneren Heiligtum, wird Gott sie verderben. Diese zuletzt genannte göttliche Vernichtungsdrohung ist im Jerusalemer Tempelareal in den Verbotstafeln verwirklicht, die jedem Nichtjuden das Betreten der nur für Israeliten erlaubten Vorhöfe verbieten (vgl. Jos., Bell 5,193; 6,125f; Ant 15,417). Ihr Text lautete: »Kein Nichtjude darf den Raum innerhalb der Balustrade um das Heiligtum betreten! Wer aber ergriffen wird, ist selber verantwortlich, denn es folgt darauf der Tod (θάνατον)!«.[95] Diese Warntafeln, die die komplexe kultrechtliche Stellung des Zweiten Jerusalemer Tempels beschreiben,[96] bilden mithin das Lokalkolorit des Jerusalemer Traditionsstückes, so dass es nicht nötig ist, für seine Entstehung eine außerpalästinische christliche Gemeinde in Ephesus oder Antiochia zu bemühen.[97]

Gegenüber allen jüdischen Anfeindungen (vgl. Apg 4,1–21; 7,55–60; 1Thess 2,14) nimmt die israelchristliche Tradition den sakralrechtlichen Schutz[98], dass Gott selbst seinen Tempel gegen Feinde verteidigt, für die Jerusalemer Hausgemeinde(-n) in Anspruch[99] und gründet auf diese Zusage ihren Bestand. Ihrer

---

[89] J. BECKER, Gemeinde, 10.

[90] Ein nichtjüd. Tempel, etwa in Ephesus oder Korinth, als Bildspender für die urchristliche Tradition ist wenig wahrscheinlich, einmal, weil Paulus wie das sonstige Urchristentum eine negative Bewertung paganer Kulte vornimmt (vgl. 1Kor 10,14–30) und sodann, weil das semantische Feld der Wohntempelvorstellung in atl.-jüd. Überlieferung besonders ausgeprägt ist, gegen CHR. BÖTTRICH, Ihr seid der Tempel Gottes. Tempelmetaphorik und Gemeinde bei Paulus, in: B. Ego u.a. (Hg.), Gemeinde ohne Tempel, WUNT 118, Tübingen 1999, 411–425, 412; M. VAHRENHORST, Sprache, 154.

[91] Vgl. Ex 25,8; 2Sam 7,5; 1Kön 8,13.27; 2Makk 14,35; Jes 57,15; Jer 7,3.5; Ez 43,7; Jos., Bell 5,459.

[92] Vgl. 2Makk 3,12; Ps 64(5),5.

[93] Vgl. z.B. 1QpH 8,10–13; 12,8f; CD 4,15ff; TestLev 17,11 u.a.m.

[94] Vgl. 2Makk 3.

[95] Inschriftendokumentation und Abbildungsnachweise sowie Lit. bei KL. BIEBERSTEIN/H. BLOEDHORN, Jerusalem, in: BTAVO B Nr. 100/3, Wiesbaden 1994, Nr. 1726.1320.

[96] Dazu U. MELL, Der Ausbruch des jüdisch-römischen Krieges (66–70 n.Chr.) aus tempeltheologischer Perspektive, ZRGG 49, 1997, 97–122 (wieder abgedruckt in: DERS., Biblische Anschläge. Ausgewählte Aufsätze, ABG 30, Leipzig 2009, 41–69).

[97] Mit J. BECKER, Gemeinde, 12.

[98] Zur Auseinandersetzung mit E. Käsemanns These von den Sätzen heiligen Rechts (E. KÄSEMANN, Sätze heiligen Rechts im Neuen Testament, in: ExVuB 2, Göttingen 1964, 69–82) H. MERKLEIN, Der erste Brief an die Korinther, ÖTK 7/1, Gütersloh 1992, 274ff.

[99] Die metaphorische Aussage von der Vernichtung des religiösen Tempelgebäudes basiert auf der bildlichen Rede der Ruinierung eines Hauswesens, vgl. K. ALAND/B. ALAND (Hg.), Griechisch-deutsches Wörterbuch zu den Schriften des Neuen Testaments und der

formkritischen Funktion entsprechend könnte man darum die Überlieferung 1Kor 3,16f* die ›Erhaltungsurkunde der Jerusalemer Gemeinde‹ nennen.[100]

Die ekklesiologische Bestandsgarantie 1Kor 3,16f* zeigt für das Kirchenverständnis der frühen Christenheit vier Konstanten auf:

1. Zunächst, dass die Identifikation von Tempel und Gemeinde mit der Anwesenheit von Gottes Geist in der durch diesen geheiligten Gemeinschaft[101] begründet wird. Ist für diese ekklesiologische Tempelmetaphorik wiederum die Qumrangemeinschaft frühjüdisches Vorbild, insofern diese sich als »heiliges Haus für Israel« (1QS 8,5, vgl. 9,6) oder auch »Gründung des Allerheiligsten für Aaron« (8,5f), ja als »Menschen-Heiligtum« (4Q174 3,6)[102] verstand, so bindet die frühe Christenheit im Unterschied dazu den Geistbesitz nicht wie die Qumrangemeinde an die Sühnefunktion und Thoraobservanz einer priesterlichakkurat existierenden Gemeinschaft (vgl. 1QS 9,3f[103]). Ihre Aussage gegenwärtigen Geistbesitzes dürfte vielmehr auf das neue Erleben im Zusammenhang der Osterereignisse zurückzuführen sein.[104] Dass der Geist durch das Evangelium von Jesu Totenerweckung vermittelt wurde, zeigt neben der frühen Bekenntnisbildung Röm 1,1b–4 (vgl. V. 4: »Geist der Heiligkeit«)[105] die Erzählungen über die Osterereignisse (vgl. Mt 28,19; Lk 24; Apg 1f; Joh 20,21–23) sowie die paulinische Auffassung seiner Berufung, insofern er sich in die Reihe der Osterzeugen abschließend einfügt[106] und von sich selbst sagt, dass er den Geist besitzt (vgl. 1Kor 7,40).

---

frühchristlichen Literatur von W. Bauer, Berlin/New York [6]1988, z.St.; G. HARDER, Art. φθείρω κτλ., ThWNT 9, 1973, 94–106, 103, mit Bezug auf Xen., mem. 1,5,3.

[100] Vgl. Gal 1,23b die Erhaltungslegende der Damaszener Christenheit.

[101] Vgl. Röm 15,19; 1Kor 6,1; 1Petr 1,2.

[102] Dazu A. STEUDEL, Der Midrasch zur Eschatologie aus der Qumrangemeinde (4QMidrEschat$^{a.b}$). Materielle Rekonstruktion, Textbestand, Gattung und traditionsgeschichtliche Einordnung des durch 4Q174 (»Florilegium«) und 4Q177 (»Catena A«) repräsentierten Werkes aus den Qumranfunden, STJD 13, Leiden 1994, 31.165f.

[103] »Wenn dies in Israel geschieht entsprechend all diesen Anordnungen zu einer Grundlage des heiligen Geistes, zu ewiger Wahrheit, um zu entsühnen die Schuld der Übertretung und die Tat der Sünde ...«.

[104] Vgl. J. BECKER, Das Urchristentum als gegliederte Epoche, SBS 155, Stuttgart 1993, 29ff zur urchristlichen Einheit von *Ostern* (= Auferstehungsevangelium) und *Pfingsten* (= Geistvermittlung).

[105] Dazu U. MELL, Heiligende Homologie. Zur Anatomie des Evangeliums am Beginn des Römerbriefes, in: D. Sänger (Hg.), Heiligkeit und Herrschaft. Intertextuelle Studien zu Heiligkeitsvorstellungen und zu Psalm 110, BThSt 55, Neukirchen-Vluyn 2003, 65–93 (wieder abgedruckt in: Ders., Biblische Anschläge. Ausgewählte Aufsätze, ABG 30, Leipzig 2008, 263–286).

[106] Vgl. 1Kor 15,5–7.

So spricht nichts dagegen, sich die Jerusalemer Gemeinde, gegründet auf dem visionär geschauten[107] oder auditiv vermittelten[108] Auferstehungsglauben, als eine enthusiastische Gemeinschaft vorzustellen. Wenn auch Lukas in Apg 1–12 die Jerusalemer Urgemeinde in eigener Ausdeutung beschrieb, so wird er doch nicht ohne Grund festhalten, dass sie vom Wirken des Heiligen Geistes bestimmt war (vgl. 1f).[109] Für diese Geistbegabung werden sehr bald Ez 36,26; 37,14 und Joel 3,15 als Schriftverheißung herangezogen (vgl. 1Thess 4,8; Apg 2,17ff)[110]. Der Geist wird als erste Endzeitgabe der noch ausstehenden Vollendung angesehen.[111] Zusammenfassend lässt sich darum der Akzent von 1Kor 3,16f* so setzen: Weil Gottes für die Endzeit verheißener Geist jetzt in der Gemeinde durch die Freude am Auferstehungsevangelium lebendig wirkt, ist sie »endgültiger Vollendungsort göttlicher Gegenwart, d.h. ›Tempel‹, also seine Wohnung«.[112]

2. Der göttliche Geist, der die christliche Gemeinde bestimmt, darf nun keineswegs inhaltsleer gedacht werden. Die zentrale Aussage des Auferstehungsglaubens, aufgesucht in ihrer ersten formelhaften Verdichtung als partizipiales Gottesbekenntnis: Gott, »der Jesus von Toten auferweckt hat« (vgl. Röm 4,24; 8,11; 2Kor 4,14; Gal 1,11 u.ö.),[113] beinhaltet, dass Gott selbst sich letztgültig mit Jesus und seiner Verkündigung bleibend identifiziert hat, und zwar über seinen Tod hinaus. Die Mitte der Gottesverkündigung Jesu aber war die Vermittlung der aus der Zukunft die Gegenwart erreichenden Gottesherrschaft, die in seiner Person den Menschen Israels nahe kommt. Oder mit den Worten des historischen Jesus formuliert (vgl. Lk 17,20f)[114]:

> Die Gottesherrschaft kommt nicht mit äußeren Phänomenen (die Beobachtung zulassen),
> die Gottesherrschaft ist (vielmehr) mitten unter euch.

War in der galiläischen Zeit die Gruppe von Menschen, an die Jesus seine froh machende Gleichnisrede richtete,[115] an deren geschundenen Körpern seine Heilungen geschahen[116] und deren Magen bei der Tischgemeinschaft gesättigt

---

[107] Vgl. 1Kor 9,1; 15,8.

[108] Vgl. Röm 10,9.

[109] Zur weiteren Argumentation, der Jerusalemer Gemeinde Geistbesitz zuzusprechen vgl. J. BECKER, Gemeinde, 11f.

[110] Vgl. die frühjüdische Erwartung einer endzeitlichen Geistbegabung 4Esr 6,16f; Sib 3,582.

[111] Vgl. 2Kor 1,22; 5,5; Eph 1,14.

[112] J. BECKER, Gemeinde, 16.

[113] Dazu J. BECKER, Auferstehung, 94–101.

[114] Zur Rekonstruktion und Besprechung vgl. J. BECKER, Jesus von Nazaret, Berlin/New York 1996, 147f.

[115] Vgl. Mk 4,33.

[116] Vgl. Lk 11,20.

wurde,[117] Ziel und Ereignis der Gottesherrschaft, so ist es nach seinem Tod die sich unter dem Auferstehungsgeist versammelnde Gemeinschaft der Gläubigen in Jerusalem, die an Körper[118] und Geist[119] gesund wie satt[120] wird.

3. Wo immer aber sich nun Auferstehungsgemeinde konstituiert, da nimmt Gottes Geist Wohnung. Diese ekklesiologische Frömmigkeit ist revolutionierend: Denn jeder Ort in Jerusalem, ja, auch alle Orte innerhalb und außerhalb des Landes Israels, sind unter sich gleich, weil Gottes Geist in der Mitte der sich versammelnden Gemeinde anwesend ist. Es gibt keine bevorzugten Orte der Nähe Gottes wie das Tempelareal in Jerusalem, sondern jedes Privathaus kann Ort eines Gottesdienstes werden. In der Jerusalemer Gemeinde beginnt denn auch die liturgische Tradition der frühen Christenheit, sich allwöchentlich in einem paganen Privathaus zu kultisch-heiligen Zusammenkünften[121] zu treffen. Lukas überliefert, dass es zuerst in einem Obergemach eines Jerusalemer Stadthauses geschah (vgl. Apg 1,13), das von einer gewissen Maria, der Mutter des Johannes Markus,[122] der Jerusalemer Gemeinschaft zur Verfügung gestellt wurde.[123]

4. Eine Folge der christlichen Überzeugung, dass in der Gemeinde Gottes Geist Wohnung findet, ist schließlich die Gleichberechtigung der Gläubigen. Im christlichen Gottesdienst gibt es nicht mehr die rituelle Unterscheidung zwischen Priestern auf der einen und Laien auf der anderen Seite, zwischen kultfähigen Männern und Frauen mit einem eingeschränkten Kultstatus, zwischen kultisch Reinen und Kultunfähigen. Nein, alle Gemeindeglieder sind Heilige und als solche von Gott gewollter Teil des ›Menschen-Heiligtums‹. –

Bleibt noch nachzutragen, dass die in Jerusalem ihren Anfang nehmende ekklesiologische Heiligkeitsterminologie weite Kreise ziehen wird: So wird Paulus in seinen Gemeindebriefen die Gläubigen als »auserwählte Heilige«[124] oder schlicht als »Heilige«[125] anreden, ein Sprachgebrauch, der urchristlich all-

---

[117] Vgl. Mk 2,15–17.

[118] Vgl. 1Kor 12,28.

[119] Vgl. 1Kor 14,26–32.

[120] Vgl. 1Kor 11,20–33.

[121] Vgl. Röm 16,16; 1Kor 16,20; 2Kor 13,12; 1Thess 5,26.

[122] Nach Kol 4,10 soll Johannes Markus Vetter des aus Zypern stammenden Leviten Barnabas (vgl. Apg 4,36f) gewesen sein. Dann dürfte die in Apg 1,14; 12,12 genannte »Maria« zu einer aus der jüd. Diaspora stammenden wohlhabenden Familie gehören, die sich in Jerusalem aus dem religiösen Grund der Nähe zum Tempel niedergelassen hatte (vgl. 6,9).

[123] Zu den Versammlungsstätten der Jerusalemer Gemeinde vgl. jetzt U. MELL, Christliche Hauskirche und Neues Testament. Die Ikonologie des Baptisteriums von Dura Europos und das Diatessaron Tatians, NTOA 77, Göttingen 2010, 38f.

[124] Röm 1,7; 1Kor 1,2.

[125] Vgl. Röm 8,27; 12,13; 16,2.15; 1Kor 6,1f; 16,15; 2Kor 1,1; 13,12; Phil 1,1; 4,22; Phlm 5.

gemein benutzt wird.[126] Dass sich dennoch die von der Urchristenheit gewählte Selbstbezeichnung nicht durchsetzte, wird an der die öffentliche Sprache dominierenden Fremdwahrnehmung liegen, die die sich von der Synagoge unterscheidende Gruppe der Gläubigen zunächst als »Christianer« bezeichnete (Apg 11,26)[127], wovon sich der heutige Begriff ›Christen‹ ableitet.[128]

2. Die öffentliche Kommunikation jüdischer Heiligkeit

Während die zahlenmäßig überschaubare und nur zeitweise an einem Ort sich konstituierende, institutionell noch im Aufbau befindliche christliche Gemeinschaft ihr elitäres Heiligkeitsverständnis eines endzeitlichen Israel-Tempels ausbildete, war der öffentliche Raum in der Stadt Jerusalem und seiner unmittelbaren Umgebung von jüdischer Heiligkeitsfrömmigkeit besetzt. Ist zwar nicht von der Hand zu weisen, dass zur Zeitenwende Jerusalem eine von hellenistischer Kultur und Sprache geprägte Polis war,[129] in der es einen nicht unerheblichen nichtjüdischen Bevölkerungsanteil gab,[130] so wird das öffentliche Leben von der jüdischen Religion geprägt, der die Mehrheit der Bewohner anhängen:

In der Mitte der hellenistisch-römischen Residenzstadt befindet sich der auf einem Hügel, dem Zionsberg, gelegene Tempelbezirk, der schon von Ferne für den antiken Besucher, selbst wenn er von Reisen her so manche Sehenswürdigkeit kannte, ein beeindruckendes Bild abgab.[131] Waren die von König Herodes I. (37–4 v.Chr.) initiierten Arbeiten zur Umgestaltung des jüdischen Tem-

---

[126] Vgl. nachpaulinisch 1Kor 14,33; Kol 1,2.4.12.26; 3,12; Eph 1,1.15.18; 2,19; 3,8.18; 4,12; 5,3; 6,18; 2Thess 1,10; 1Tim 5,10, und sodann Apg 9,32.41; Hebr 6,10; 13,24; Jud 3; Apk 5,8; 8,3f; 11,18; 13,7.10; 14,12; 15,3; 16,6; 18,20.24; 19,8; 20,9.

[127] Im NT noch Apg 26,28; 1Petr 4,16, dazu A. WEISER, Art. Christ, NBL 1, 1991, Sp. 368f.

[128] Vgl. W.G. KÜMMEL, Kirchenbegriff und Geschichtsbewußtsein in der Urgemeinde und bei Jesus, SymBiblUpps 1, Uppsala 1943, 16f.

[129] Jerusalem wird hell. Bildungseinrichtungen wie ein Gymnasium und ein Ephebie (vgl. 1Makk 1,14; 2Makk 4,9), aber auch ein Theater (möglicherweise auch ein Amphitheater) und ein Hippodrom besessen haben, vgl. dazu M. HENGEL, Jerusalem als jüdische und hellenistische Stadt, in: Hellenismus. Beiträge zur Erforschung von Akkulturation und politischer Ordnung in den Staaten des hellenistischen Zeitalters. Akten des Internationalen Hellenismus-Kolloquiums 9.–14. März 1994 in Berlin, hg. v. B. Funck, Tübingen 1996, 269–307 (wieder abgedruckt in DERS., Judaica, Hellenistica et Christiana. Kleine Schriften II, Tübingen 1999, 115–156), 296f.

[130] Vgl. J. ZANGENBERG, Nichtjuden in Palästina, in: Neues Testament und Antike Kultur 3, 2005, 53–58.

[131] Vgl. Mk 13,1 par.; Philo, LegGai 191.198; Jos., Bell 6,267; bSuk 51ᵃ. Zur Beschreibung vgl. H.-M. DÖPP, Der Jerusalemer Tempel, in: Neues Testament und antike Kultur 3, 2005, 187–200, 189–192; M. KÜCHLER, Jerusalem, 133–137.

pelgebäudes und zur Vergrößerung des Tempelareals[132] zur Zeit der christlichen Gemeindebildung noch nicht abgeschlossen (vgl. Joh 2,20),[133] so war doch erkennbar, dass das trapezoid erweiterte Tempelareal von ca. 140.000 m^2 alle vergleichbaren Kultstätten der Antike an Weiträumigkeit übertraf.[134] Die Umfassungsmauern standen an ihrer tiefsten Stelle zum südlichen Tyropoiontal bis zu einer Höhe von 50 m an und wurden von den am Rand stehenden Säulenhallen sichtbar geziert. Der Zugang zum erhöhten Tempelbezirk war durch breite Freitreppen wie durch unterirdische Treppenhäuser – von Süden über die sog. zwei Hulda-Tore – eindrucksvoll geregelt. Wer sich auf die erhöhte Tempelplattform begab, blickte zudem auf ein Tempelhaus, das wiederum auf einem Podium stand und hinsichtlich seines vorderen Teils als ein mehrere Meter hohes prächtiges goldverziertes Gebäude aufragte.[135]

Der Aufenthalt der täglichen Besucherschar des internationalen Heiligtums, seien es jüdische amtierende Priester und Leviten, jüdische oder auch nichtjüdische Kultteilnehmer, Bank- und Geschäftsleute aller Herren Länder wie politische Lobbyisten der palästinischen Gesellschaft und aristokratische Mitglieder des Synhedriums, wurde von der räumlichen Heiligkeitsvorstellung jüdischer Tempeltheologie drakonisch reglementiert. Das Konzept der abgestuften Heiligkeit, das in konzentrischen Kreisen abgeschwächter Wirkung vom Wohnort der Gottheit im Inneren des Tempelhauses bis zur geografischen Peripherie des Israel-Landes reichte,[136] regelte Zugangsbereiche nach dem Status heiliger Reinheit: Nur vom Hohepriester, und das auch nur einmal im Jahr zum Vollzug des Rituals des Großen Versöhnungstages, durfte das vollkommen leere Allerheiligste, eine leicht erhöhte Abtrennung im Tempelraum selbst, betreten werden.[137] Ausschließlich Priester wiederum hatten Zugang zum Tempelhaus, um den immer brennenden siebenarmigen Leuchter mit Öl[138] sowie den

---

[132] Vgl. Jos., Bell 1,401; 5,184–198; Ant 15,380–425.

[133] Zwar wurde das Tempelhaus und die Säulenhallen im Jahre 9/8 v.Chr. in einer großartigen Zeremonie eingeweiht (vgl. Jos., Ant 16,421f), die Bauten am gesamten Tempelareal wurden jedoch erst zur Zeit des Prokurators Albinus (62–64 n.Chr.) vollendet (vgl. Ant 15, 391; 20,219).

[134] Vgl. Jos., Bell 1,401; 5,192.

[135] Vgl. Jos., Bell 5,222–224.

[136] Die Zahl der abgestuften Reinheitsbezirke wird in jüd. Tradition unterschiedlich bestimmt: Jos. erwähnt in Bell. 1,26; 5,227; c.Ap. 2,103f sieben, die Mischna hingegen kennt zehn bzw. elf (mKel 1,6–9, vgl. NumR 7 zu 5,1). Die Tempelrolle aus dem 4./3. Jh. v.Chr. dagegen behauptet 13 Heiligkeitsbereiche (dazu J. MAIER, Die Tempelrolle vom Toten Meer und das »Neue Jerusalem«, utb 829, München ^{3}1997, 9f).

[137] Vgl. Lev 16,2ff. Der Hohepriester geht drei Mal ins Allerheiligste, mit Räucherwerk (V. 12), mit dem Blut des Stieres (V. 14) und mit dem Blut des Widders (V. 15).

[138] Vgl. Ex 25,31–39.

Räucherstand mit frischem Weihrauch[139] zu versorgen und jeden Sabbat die zwölf Ringbrote auf dem Schaubrottisch zu erneuern[140]. Vor dem Tempelhaus agierten Priester zusammen mit Leviten, um den Opferbetrieb mitsamt Altarfeuer[141] zu besorgen. Abgetrennt durch eine Schranke vom Priesterhof konnten ihrem rituellen Treiben israelitische Männer zusehen. Dieser sog. Vorhof der Israeliten war durch das Nikanor-Tor[142] mit vorgesetzter Treppe vom Frauenvorhof aus zu erreichen, wo jüdischen Frauen der Aufenthalt gestattet war. Israels Vorhöfe wiederum waren nicht einsehbar, denn den Frauenvorhof umschloss eine Galerie und der Zugang war durch drei Tore geregelt. An diesen inneren jüdischen Tempelkomplex, gesichert von der mit Warntafeln versehenen Balustrade, grenzte der Allvölkerhof, den selbstverständlich Nichtjuden betreten konnten. Alle Tempelbesucher aber wurden durch rituelle Bäder vor dem Betreten wie auch auf dem Tempelareal selbst daran erinnert, dass das Aufsuchen des Tempelorts von ihnen rituelle Reinheit erforderte. Um das kultische Tempelareal herum befand sich sodann die »heilige Stadt«[143] Jerusalem, die nach ihren Außenbezirken an das »heilige Land«[144] des Volkes Israel grenzte.

Die hohe Bedeutung, die diesem Konzept räumlich abgestufter Heiligkeit in der jüdischen Tempelfrömmigkeit zukommt, lässt sich auch an den jährlich wiederkehrenden drei Tempelfesten[145] ablesen, wenn palästinische Pilger zu dem Pessachfest im Frühjahr, zu Schawuot, dem Fest der Getreideernte, und zu Sukkot, dem Lesefest der Früchte, im Sommer in die Stadt und auf den Tempelberg strömten. Dann verdoppelte sich für einige Tage die Einwohnerschaft Jerusalems von ca. 30.000 Menschen auf das Dreifache, denn die Pilgerfamilien waren aus kultischen Gründen gezwungen, sich über die ganze Festzeit hin im heiligen Stadtbezirk aufzuhalten (vgl. Dtn 16,7).

Aber nicht nur der jährliche, sondern auch der wöchentliche Zeitrhythmus von Jerusalem wurde von jüdischer Frömmigkeit bestimmt: Jeden siebenten Tag am sog. Sabbat erstarb das öffentliche Leben, um das Ruhegebot der Sabbatheiligung einzuhalten.[146] An diesem Tag strebten Israels Tempelgläubige auf den Tempelberg, um dem beständigen Opferkult, dem Tamid, bestehend aus Morgen- und Abendopfer, im andächtigen (Psalmen-) Gebet beizuwohnen.[147]

---

[139] Vgl. Ex 30,1–10; 1Kön 7,48–50.
[140] Vgl. Ex 25,23–30; 30,22–33; Lev 24,1–9; 1Sam 21,2–7; 1Kön 7,48; Lk 6,4.
[141] Vgl. Ex 27,1–8.
[142] Vgl. Jos., Bell 5,201–204; mMid 2,6.
[143] Vgl. Mt 27,53.
[144] Vgl. Ps 78,54.
[145] Vgl. Ex 23,14–17, dazu H.-M. DÖPP, Tempel, 192–194.
[146] Vgl. Ex 20,8–11; Dtn 5,12–15.
[147] Vgl. Sir 50,17–20; Lk 18,10.

Doch nicht nur an Sabbaten und besonderen Festtagen, sondern auch im Alltag spielte die jüdische Frömmigkeit eine große Rolle. So konnten fromme Juden mehrmals am Tag ihre Geschäfte unterbrechen, um an Ort und Stelle stehend ein Gebet in aller Öffentlichkeit zu verrichten.[148] Auch pulsierte das geistliche Leben in einzelnen (privaten und/oder halböffentlichen) Versammlungshäusern, den vorwiegend landsmannschaftlich organisierten Synagogen[149] der nach Jerusalem übergesiedelten Diasporajuden[150]. Diese hatten aus ihren Heimatländern, in denen Juden ohne Möglichkeit des Tempelbesuches ihre Religion gestalten mussten, die Sitte, ein sog. Bethaus für die Gläubigen einzurichten,[151] auch an ihrem jetzigen, neuen Wohnort in Jerusalem eingeführt. Und da seit dem Babylonischen Exil im 6. Jh. v.Chr. jüdische Theologie parallel zum kultischen Heiligkeitskonzept ein zweites dingliches Heiligkeitsverständnis entwickelt hatte, in dessen Mittelpunkt die »heilige Schriften«[152] standen,[153] wurde in Jerusalemer (Haus-)Synagogen/Bethäusern die Verlesung der heiligen

---

[148] Vgl. Ps 55,18; Dan 6,11; Mt 6,5; mBer 2,1 (R. Jehuda/R. Meir, T 3); Ber 3ª Bar. (R. Jose, T 3), s. Bill. 1,400.

[149] Vgl. Joh 18,20; Apg 6,9; 24,12.

[150] Aufgrund von yMeg 3,1 (73d, 29ff), R. Jehoschua b. Levi, A 1, ist anzunehmen, dass es in Jerusalem sog. Haussynagogen gab. – Die sog. Theodotos-Inschrift, eine Stiftungsinschrift aus herodianischer Zeit, verweist auf eine Art Pilgerzentrum für Diasporajuden, vgl. dazu C. CLAUSSEN, Synagogen Palästinas in neutestamentlicher Zeit, in: Zeichen aus Text und Stein. Studien auf dem Weg zu einer Archäologie des Neuen Testaments, hg. v. St. Alkier/J. Zangenberg, TANZ 42, Tübingen/Basel 2003, 351–380, 357–361.

[151] Dazu M. HENGEL, Proseuche und Synagoge. Jüdische Gemeinde, Gotteshaus und Gottesdienst in der Diaspora und Palästina, in: Tradition und Glaube, FS K.G. Kuhn, hg. v. G. Jeremias u.a., Göttingen 1971, 157–184 (wieder abgedruckt in DERS., Judaica et Hellenistica. Kleine Schriften I, Tübingen 1996, 171–195).

[152] Zum Terminus vgl. mYad 4,6; Er 10,3 (R. Jehuda, T 2); Philo, Op 77; Abr 61.121 u.ö.; Jos., c.Ap. 2,45.

[153] Vgl. Jes 1,10 mit 34,16, dazu C. COLPE, Art. Heilige Schriften, RAC 14, 1988, 184–223; H. DONNER, Geschichte des Volkes Israel und seiner Nachbarn in Grundzügen 2, GAT 4/2, Göttingen 1986, 437.

Bücher Israels[154] – einschließlich ihrer Auslegung[155] und Aneignung[156] – sowie das Gebet des Einzelnen wie der Gemeinde[157] praktiziert.

Wirft man noch kurz einen Blick auf die im Kidrontal befindlichen Gräber der Könige, Propheten und Märtyrer, die an wiederkehrenden Todestagen von manch einem frommen Juden aus interzessorischem Grund aufgesucht wurden,[158] so ist der Eindruck klar: Die inszenierte Heiligkeit von Orten, Gebäuden, Denkmälern und Gegenständen dominierte in überwältigender Weise den öffentlichen Raum von Jerusalem. Einer Fraktion von Auferstehungsgläubigen blieb unter diesen Umständen gar nichts anderes übrig als ein gruppenbezogenes Heiligkeitsbewusstsein zu entwickeln. Ihr soziologisches Heiligkeitskonzept war zudem geschichtstheologisch die einzige Möglichkeit, weil man der festen Überzeugung war, als gebürtige Juden eine Gemeinde in Israel für Israel zu sein, aber nicht eine neue Religion neben der bestehenden zu gründen.

3. Die öffentliche Kommunikation christlicher Heiligkeit

Aus der Tatsache, dass sich die urchristliche Heiligkeitsfrömmigkeit in einer gesellschaftlichen Nische abseits von der Öffentlichkeit in der Privatheit des Hauses gruppenelitär entfaltete, darf nun nicht geschlossen werden, dass christliche Heiligkeit sich im Geheimen abspielte. Das Gegenteil ist der Fall: im Gegensatz zur Priestergemeinschaft von Qumran, die ihr soziologisches Heiligkeitskonzept separat von jeglicher Öffentlichkeit zelebrierte,[159] war urchristliche Heiligkeit keineswegs auf die religiöse Binnensphäre beschränkt.

Zunächst ist darauf hinzuweisen, dass die Jerusalemer Gruppe der Auferstehungsgläubigen ihren neu gefundenen Glauben einschließlich ihres

---

[154] Vgl. Apg 15,21.

[155] Vgl. Apg 13,15.42; 14,1; 17,2.

[156] Vgl. Jos., c.Ap. 2,175; Philo, som. 2,127. – Da zu dieser religiösen Tätigkeit die Ausbildung von Lese- und Schreibkompetenz gehörte, wurden Synagogen/Gebetshäuser auch zu Unterrichtszwecken benutzt (vgl. Mt 4,23; 9,35; Mk 1,21; 6,2; Lk 4,15; 6,6; 13,10; Joh 6,59; Apg 18,4; 19,8).

[157] Vgl. Mt 6,5, in der Regel die Rezitation des Sch°ma Israels sowie des Achtzehn-Bitten-Gebetes, dazu U. KELLERMANN, Das Achtzehn-Bitten-Gebet. Jüdischer Glaube in neutestamentlicher Zeit, Neukirchen-Vluyn 2007, 6–8.

[158] Vgl. Lk 11,47f par., dazu G. LARSSON, Art. Heilige/Heiligenverehrung II. Judentum, TRE 14, 1985, 644–646, 645; TH. BAUMEISTER, Art. Heiligenverehrung I, RAC 14, 1988, Sp. 96–150. Zur Archäologie der hell.-röm. Felsgräber im Kidrontal vgl. M. KÜCHLER, Jerusalem, 698–730.

[159] Vgl. 1QS 8,11; 9,6 u.ö.

Heiligkeitsverständnisses in aller Öffentlichkeit – sei es auf dem Tempelareal[160] oder in Synagogen[161] – kommunizierte. Anders ist das rasche zahlenmäßige Wachstum der jungen Jerusalemer Gemeinde kaum verständlich zu machen. In zweiter Hinsicht ist aber darauf aufmerksam zu machen, dass die christlichen Gemeinschaften die Einladung an die nichtchristliche Öffentlichkeit – sei sie jüdisch oder pagan sozialisiert – zur Teilnahme am Gottesdienst pflegten.

Der christliche Kult in einem privaten Haus einmal in der Woche am sog. »Herrentag«[162], unserem heutigen Sonntag, findet zunächst als eine geschlossene Gesellschaft statt, insofern sich die Gläubigen mit dem »heiligen Kuss«[163] begrüßen bzw. verabschieden. Zu einem späteren Zeitpunkt – anzunehmen ist nach der Kultfeier des »Herrenmahls«[164] – wird ihre Zusammenkunft jedoch für die interessierte Öffentlichkeit geöffnet.[165] Diese Praxis ist einem Abschnitt des paulinischen 1. Korintherbriefes zu entnehmen, in dem sich der Apostel für die Prophetie als der gegenüber der Zungenrede zu bevorzugenden Äußerung im christlichen Kult einsetzt und ausführt (1Kor 14,23–25):

> Wenn nun die Gemeinde zusammenkommt und alle reden in Zungenrede, es kommen aber Uneingeweihte oder Ungläubige herein, werden sie dann nicht sagen, dass ihr verrückt seid? Wenn aber alle prophetisch reden, es kommt aber ein Ungläubiger oder Uneingeweihter herein, dann wird ihm von allen ins Gewissen geredet, von allen wird er beurteilt, das Verborgene seines Herzens wird offenbar, und so wird er auf sein Angesicht fallen, Gott anbeten und bekennen, dass Gott wahrhaftig in eurer Mitte ist.

Deutlich wird, dass »Ungläubige« oder »Uneingeweihte« – der Doppelbegriff meint unmissverständlich Nichtmitglieder – Zugang zum urchristlichen Gottesdienst haben. Ja, einer der Ziele des urchristlichen Kultes ist es, mit Außenstehenden zu kommunizieren, damit diese ihre Verlorenheit erkennen und ihnen die Möglichkeit zur Rettung gegeben wird, nämlich den wahren Gott anzubeten, dessen Anwesenheit im christlichen Gottesdienst erlebbar ist. Bleibt vom paulinischen Text her zwar offen, ob grundsätzlich jede christliche Gemeindeversammlung für Nichtchristen geöffnet war, so ist doch prinzipiell zu urteilen,

---

[160] Vgl. Apg 2,46a; 3,1ff; 5,12.

[161] Vgl. Apg 7,9f.

[162] Vgl. Apg 1,10.

[163] Vgl. 1Kor 16,20b; 2Kor 13,12.

[164] 1Kor 11,20. Vgl. die Abfolge, dass Paulus im 1Kor Probleme des christlichen Mahles (11,17–34) vor denen des Wortgottesdienstes (12–14) bespricht.

[165] Es ist unverständlich, dass sich die Studie von P. WICK, Die urchristlichen Gottesdienste. Entstehung und Entwicklung im Rahmen der frühjüdischen Tempel-, Synagogen- und Hausfrömmigkeit, BWANT 150, Stuttgart ²2003, weder mit dem Paulustext, ja noch nicht einmal mit dem Phänomen der Öffentlichkeitsteilnahme am christlichen Kult beschäftigt.

dass urchristlicher Gottesdienst »keine esoterisch-exklusive Veranstaltung einer nach außen geschlossenen Gesellschaft«[166] gewesen ist.

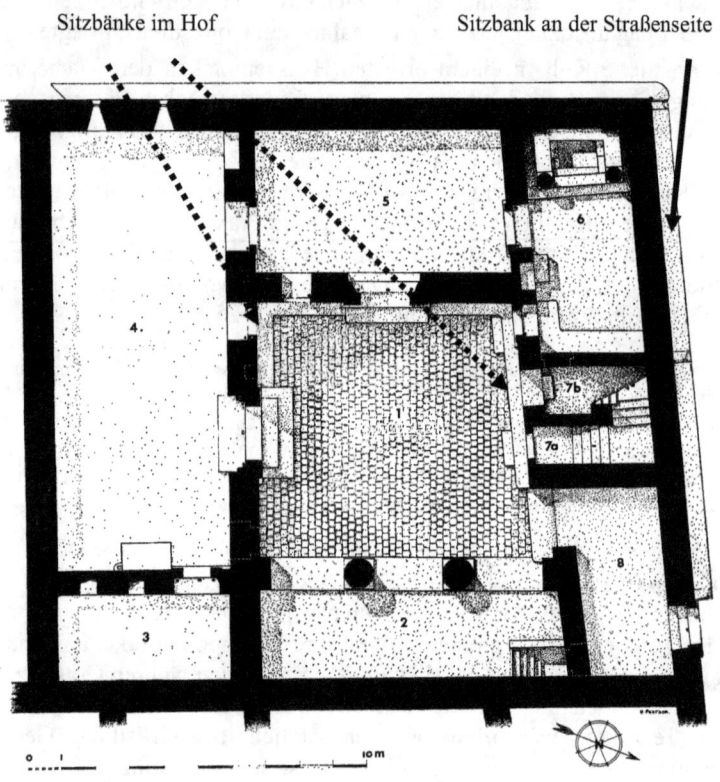

Abbildung 11: Grundriss der Hauskirche von Dura-Europos ca. 240–256 n.Chr.[167]

---

[166] W. SCHRAGE, Der erste Brief an die Korinther, EKK VII/3, Zürich u.a. 1999, 411. Vgl. daselbst die Abweisung der Thesen, dass Paulus mit dem Doppelbegriff Mitglieder auswärtiger Gemeinden, Christen zweiter Klasse oder Glaubensanfänger oder Halbgläubige bzw. Randsiedler meinen könnte.

[167] Nach C.H. KRAELING, The Christian Building, with a contribution by C.Br. Welles, The Excavations at Dura-Europos conducted by Yale University and the French Academy of Inscriptions and Letters, Final Report Vol. VIII/II, New Haven/New York 1967, 4.

In dem besonderen Fall, dass die Christenheit eines Ortes zahlenmäßig anstieg und die Ortsgemeinde auch finanziell vermögend war, wurde eine sog. Hauskirche eingerichtet. Dabei handelt es sich um ein vormals zu Wohnzwecken genutztes Haus, das jetzt durch einige Umbaumaßnahmen ausschließlich christlich-kultischen Zwecken dienstbar gemacht wurde. An dem einzig erhaltenen Beispiel aus der Mitte des dritten Jahrhunderts, nämlich der Hauskirche an dem am Euphrat gelegenen antiken Ort Dura-Europos, lässt sich zeigen, wie Christen mit ihrer Umgebung kommunizierten und dass ein christlicher Gottesdienstraum selbstverständlich auch auf nichtchristliche Besucher eingerichtet war:[168]

Das genannte christliche Kulthaus war der städtischen Öffentlichkeit von Dura Europos – wie auch alle anderen Häuser, die religiösen Vereinen dienten – als solches bekannt. Darauf weist die bei seinem Umbau an der Straßenseite errichtete Sitzbank hin (s. *Abbildung 11*). Sie war eigens dazu angebracht, denjenigen Besuchern aus der Stadt bzw. der näheren Umgebung von Dura Europos eine Sitzmöglichkeit anzubieten, die auf die Öffnung des christlichen Gemeindehauses durch den Küster warteten. Ein vor der Öffentlichkeit verborgener christlicher Hauskult fand in Dura Europos also nicht statt.[169]

Die Adaption des Hauses für christlich-liturgische Zwecke bedeutete nun für sein Inneres, dass eine Trennungsmauer zwischen dem vormals als Diwan benutzen Raum und einem anliegenden Hausraum beseitigt wurde. Der auf diese Weise vergrößerte Versammlungsraum konnte ca. 60 männlichen Personen auf dem Boden hockend Platz geben (Raum 4, s. *Abbildung 11*). Dieser Raum für die christliche Gemeinde war entsprechend christlich-liturgischer Frömmigkeit in Hinsicht auf die Gebetsrichtung geostet,[170] denn er besitzt auf seiner Ostseite

---

[168] Zum Folgenden vgl. jetzt U. MELL, Hauskirche, 79ff. Die archäologische Erforschung konnte nachweisen, dass das Haus eines gewissen Dorotheos im Jahr 232/3 bezogen und im Jahre 256 n.Chr. im Zuge der römischen Verteidigungsmaßnahmen der Stadt gegen die angreifenden Sassaniden unter Shapur I. außer Betrieb genommen wurde, da alle nahe an der Westmauer gelegenen Stadthäuser in den Verteidigungswall einbezogen wurden. Aus den baulichen Veränderungen konnte geschlossen werden, dass das respektable Stadthaus in den letzten 10–15 Jahren seiner Nutzung zu einer christlichen Hauskirche umgebaut worden war.

[169] Gegen O. EISSFELDT, Art. Dura-Europos, RAC 4, 1959, Sp. 358–370, 362; B. BRENK, Die Christianisierung der spätrömischen Welt. Stadt, Land, Haus, Kirche und Kloster in frühchristlicher Zeit, Spätantike – Frühes Christentum – Byzanz. Kunst im ersten Jahrtausend R. B: Studien und Perspektiven 10, Wiesbaden 2003, 66.

[170] Für die Ostung des Kirchenraumes sind einerseits dualistisch-mythologische Vorstellungen verantwortlich zu machen, die die östliche Himmelsrichtung mit dem scheinbaren Aufgang der Sonne mit dem Guten in Verbindung bringen und andererseits die christliche Schriftexegese, die den Osten mit der Parusie Christi (vgl. Mt 24,57; Lk 1,78) bzw. der

ein Podium, das dem Bischofsstuhl diente, sowie einen Ständer, der wahrscheinlich ein Kreuz aufnahm. Frauen (und Kinder) partizipierten entsprechend der damaligen Sitte getrennt von den Männern durch die geöffnete Tür des angrenzenden Frauentraktes.[171]

Der Innenhof des Hauses, der vormals hauswirtschaftlichen Aktivitäten diente, wurde beim Umbau zur Hauskirche vollständig ausgepflastert und mit einer teilweise umlaufenden Sitzbank versehen (s. *Abbildung 11*). Auf diese Weise wurde er für den dauernden Aufenthalt von Personen hergerichtet. Graffiti nichtchristlichen Inhalts wie magische Alphabete an den Wänden des Hofes weisen auf den Aufenthalt von Nichtchristen hin.[172] Diese konnten durch die hohe Tür wie durch das vergrößerte Fenster dem christlichen Gottesdienst im Hausinneren akustisch folgen. Der gottesdienstliche Raum der christlichen Hauskirche von Dura Europos war demnach zweigeteilt: Während im überdachten Haus die Mitgliedergemeinde am Gottesdienst einschließlich der Abendmahlsfeier teilnahm, partizipierte im Hof am gottesdienstlichen Geschehen die nichtchristliche Öffentlichkeit wie die durch Kirchenzucht vom Empfang des Abendmahls ausgeschlossenen Christen.

Für die Christen von Dura Europos wird ihr umgebautes christliches Kulthaus ein heiliges Gebäude gewesen sein, das sie durch eine Weihezeremonie in Betrieb genommen haben werden.[173] Für die nichtchristliche Öffentlichkeit hingegen besaß das christliche Versammlungslokal keine Kennzeichen eines kultischen Gebäudes. Dies wird sich erst durch die erste christliche Sakralarchitektur in der 1. Hälfte des vierten Jahrhunderts ändern.

4. Die Kommunikation christlicher Heiligkeit im öffentlichen Raum

In Verfolgungszeiten regionaler oder reichsweiter Ausdehnung mussten christliche Hauskirchen auf Veranlassung der römischen Zivilbehörden ge-

---

Himmelfahrt Christi in Verbindung bringt (vgl. Didasc. 12, Anfang des 3. Jh. n.Chr.), dazu L. VOELKL, »Orientierung« im Weltbild der ersten christlichen Jahrhunderte, RivAC 25, 1949, 155–170; FR.J. DÖLGER, Sol Salutis. Gebet und Gesang im christlichen Altertum mit besonderer Rücksicht auf die Ostung in Gebet und Liturgie, LF 4/5, Münster ²1925, 136ff.

[171] Vgl. U. MELL, Hauskirche, 94ff.

[172] Vgl. Ebd., 157ff.

[173] Vgl. Clems. recogn. 10,71,2 (ca. 220–250 n.Chr.): »Theophilus, der berühmter als alle Mächtigen in der Bürgerschaft war, weihte eine große Halle seines Hauses als eine Kirche, in welcher dem Apostel Petrus eine Cathedra von dem ganzen Volk eingerichtet wurde, worauf sich täglich eine große Menge versammelte, um sein Wort zu hören.« Diese Stelle dürfte nicht die Zeit des 1. Jh. n.Chr. beschreiben, sondern die gegenwärtige Zeit des Verfassers widerspiegeln.

schlossen werden und das christliche Vereinsvermögen an Geld und Grundstücken sowie die Gegenstände zur Kultausübung wie Schriften und Abendmahlsgeräte wurden eingezogen. Die christlichen Vereinslokale verschwanden aus der städtischen Öffentlichkeit und die Christenheit knüpfte an ihre frühere Praxis an, sich als Hausgemeinde in einem profanen Haus einer/-s christlichen Patronin/-s zu treffen.

In dem geschichtlichen Moment aber als per kaiserlichem Dekret die Verfolgung christlicher Religion aufgehoben bzw. ausgesetzt wurde, indem – so geschehen unter Kaiser Constantin (315 bzw. 324–337 n.Chr.) im Jahre 313 (sog. Mailänder Vereinbarung) – die christliche Religion als legitimer Teil der römischen Religion erklärt und die konfiszierten Güter an die christlichen Gemeinden zurückgegeben wurden, konnten ehemalige Hauskirchen wie auch sonstige Gemeindezentren ihren Betrieb wieder aufnehmen. Als aber in der Folge der Erringung der Alleinherrschaft im Jahre 324 n.Chr. über Licinius Kaiser Constantin begann, das Römische Reich unter der christlichen Religion zu vereinheitlichen,[174] kam es zu ersten christlichen Kultbauten.[175] Zu den frühesten Zeugnissen christlicher Sakralarchitektur, die den öffentlichen Raum mit christlicher Heiligkeitssymbolik zu besetzen beginnen, zählen die Basilika in Tyrus sowie die sog. *Lateransbasilika* in Rom.[176]

Hinsichtlich der kaiserlichen Kirchbautätigkeit im Raum Palästina, insbesondere in Jerusalem mit den kaiserlichen Stiftungen der Anastasis und der Eleona, ist darauf hinzuweisen, dass Zentralpalästina von jüdischen Symbolbauten ziemlich entleert war. Ja, dass die jüdische Religion aus dem öffentlichen Leben verdrängt worden war.

---

[174] Vgl. Eus., Vita Const. 2,24.28, dazu K. PIEPENBRINK, Konstantin der Große und seine Zeit, Geschichte kompakt – Antike, Darmstadt ²2007, 52f.

[175] Als erster Kirchenbau wird gemeinhin die im Jahre 201 n.Chr. durch eine Überschwemmung zerstörte »Kirche« im syr. Edessa (Chronicon Edessenum 1,8) angesehen (vgl. A. VON HARNACK, Die Mission und Ausbreitung des Christentums in den ersten drei Jahrhunderten, Leipzig ⁴1924, Nachdr. Wiesbaden o. J., 615). Allerdings ist der Beleg umstritten: So wird er seit W. BAUER, Rechtgläubigkeit und Ketzerei im ältesten Christentum, hg. v. G. Strecker, BHTh 10, Tübingen ²1964, 18f, für eine orthodoxe Rückprojektion des 6. Jh. n.Chr. angesehen, da der Ausdruck »das Heiligtum der Kirche der Christen« eine kirchliche Architektur voraussetzt, die es am Beginn des 3. Jh. n.Chr. so noch nicht gegeben hat. Darum ist es auch möglich, dass das als Kirche angesprochene Gebäude ein Domus ecclesiae oder eine Aula ecclesiae gewesen war (vgl. L.M. WHITE, Building God's House in the Roman World. Architectural Adaption among Pagans, Jews, and Christians, The ASOR Library of Biblical and Near Eastern Archaeology, Baltimore/London 1990, 118).

[176] Vgl. H. BRANDENBURG, Die frühchristlichen Kirchen Roms vom 4. bis zum 7. Jahrhundert. Der Beginn der abendländischen Kirchenbaukunst, Regensburg ²2005; DERS., Art. Kirchenbau I. Der frühchristliche Kirchenbau, TRE 18, 1989, 421–442, 423f.

Die brutale Niederschlagung des jüd. Aufstandes von 132–135 n.Chr. unter Simon bar Kosiba durch den röm. Kaiser Hadrian (117–138 n.Chr.) führte aufgrund von hunderttausenden von Toten (vgl. Cass. Dio 69,14,3) zum Erlöschen jüd. Lebens in Jerusalem und Judäa. Das Rabbinat mit R. Schimon b. Gamliel II. konnte jedoch in Uscha bei Sepphoris in Obergaliläa und später in Tiberias am Galiläischen See den Nationalrat der Juden, den Sanhedrin, sowie den jüd. Patriarchat errichten. Fortan wurde Galiläa zum geistigen und wirtschaftlichen Zentrum des palästinischen Judentums. Darüber hinaus bestanden vereinzelte jüd. Gemeinden in Gaza und Cäsarea Maritima sowie an einigen weiteren Orten.

Im ehemaligen Jerusalem, das von Hadrian unter dem Namen »Colonia Aelia Capitolina« neu gegründet und dessen Zentrum am zugänglicheren Nordwesthügel entlang des Cardo Maximus zunächst mit einem Heiligtum zu Ehren der kapitolinischen Trias[177] (und der Venus[178]) angelegt worden war, lag das Tempelareal seit der Zerstörung des Tempelhauses und seiner Säulenhallen sowie der Schleifung der Umfassungsmauern durch den römischen Feldherrn Titus im Jahre 70 n.Chr. als Trümmerfeld brach.[179] Von der Bevölkerung und den Zivilbehörden wurde es als Steinbruch für die Errichtung neuer Gebäude außerhalb des Tempelplateaus benutzt.[180] Zur Mahnung an den jüngsten Sieg über den jüdischen Aufstand sowie zur Demonstration der Überlegenheit Roms war es wahrscheinlich mit zwei Symbolen[181] römisch-imperialer Macht versehen:[182] Zunächst zeigte ein Reiterstandbild Kaiser Hadrian,[183] um kurze Zeit später auch eine Statue seines Nachfolgers und Adoptivsohnes, dem Kaiser Titus (Aelius Hadrianus) Antoninus (Augustus) Pius (138–161 n.Chr.) zu präsentieren.[184] Für jüdische Frömmigkeit war damit das Tempelareal entweiht. Da

---

[177] Vgl. einen Münztyp von Kaiser Hadrian, der einen Tempel für Jupiter, flankiert von Minerva und Juno zeigt, dazu Y. MESHORER, The Coinage of Aelia Capitolina, Israel Museum Catalogue 301, Jerusalem 1989, Nr. 1.

[178] Vgl. Hier., Ep. 58,3, der eine »Marmorstatue der Venus« erwähnt.

[179] Vgl. Kyrill von Jerusalem, Kat. 15,15; 16,18 (ca. 348/350 n.Chr.); Itin. Burdig. 16 (333/4 n.Chr.).

[180] Vgl. Eus., Dem. Ev. 8,3.

[181] Vgl. Itin. Burdig. 16; Hier., comm. in Jes 9,2.

[182] Hadrians Vorhaben der Neugründung von Jerusalem geschah bestimmt mit der Absicht, einen Tempel zu Ehren der röm. Siegesgottheit, Jupiter Capitolinus, zu errichten. Jedoch sprechen zahlreiche Belege gegen den Bericht von Dio Cassius (nur erhalten bei Xiphilinus, 11. Jh. n.Chr.), dass ein Jupitertempel an der Stelle des jüd. Tempels bereits errichtet worden war, als der jüd. Aufstand begann, s. dazu M. KÜCHLER, Jerusalem 143f. – Was genau der Pilger von Bordeaux sah, als er ein »Gebäude« (aedes) auf dem Tempelareal erwähnt, »wo der Tempel lag« (Itin. Burdig. 15), ist nicht mehr zu rekonstruieren; dass es ein röm. Tempel war, hätte er aber nicht unerwähnt gelassen.

[183] Vgl. Hier., comm. in Matth 21,15.

[184] Vgl. Orig., comm. in Matth 24,15; Erhalten ist die Inschrift der Statue, verbaut als Spolie in der Südmauer des Tempelberges (Abb. bei M. KÜCHLER, Jerusalem, 309).

Juden unter Androhung der Todesstrafe ein ständiger Aufenthalt in der Stadt[185] und zugleich die Beschneidung (von Kindern)[186] untersagt worden war, bestand ein römisches Verbot jüdischer Religionsausübung.[187] Für den öffentlichen Raum darf man daher »von einer totalen Paganisierung Jerusalems«[188] und Judäas sprechen.

Ergaben sich im Laufe der nächsten beiden Jahrhunderte manche Lockerungen in der jüdischen Religionsverfolgung – so bezeugt der Pilger von Bordeaux, dass Juden an einem Tag im Jahr, nämlich am 9. Av, an dem sie der Zerstörung des Zweiten Tempels gedachten, die Stadt betreten konnten[189] – so besetzte doch selbst bei Förderung durch die römisch-kaiserliche Politik am Beginn des vierten Jahrhunderts kein christlicher Kultbau das einstige jüdische Tempelareal.[190] Im Gegenteil: Das Martyrium, die wichtigste christliche Zentralkirche, wurde auf dem ehemaligen Hadrianischen Kapitol errichtet,[191] und zwar vis-a-vis vom ruinenartigen Tempelareal. Geschah die christliche Baupolitik gewiss unter antijudaistischem Vorzeichen, indem sie für den Ort Golgota die theologische Bedeutung des jüdischen Tempels zu reklamieren versuchte,[192] so blieb das Tempelareal auch in byzantinischer Zeit frei von christlich-architektonischen Heiligkeitssymbolen.

Dieser auch heute noch gültige Umstand kann daher als ein gutes Zeichen für ein gleichberechtigtes Nebeneinander der beiden Geschwisterreligionen Judentum und Christentum gewertet werden.

---

[185] Vgl. Iust. Mart., apol. 1,47,6; dial. 16; Eus., h.e. 4,6,3.

[186] Vgl. MegTaan (»Fastenrolle«) bTaan 18ª.

[187] Dazu M. AVI-YONAH, Geschichte der Juden im Zeitalter des Talmud. In den Tagen von Rom und Byzanz, Berlin 1962, 159ff.209ff.

[188] P. SCHÄFER, Geschichte der Juden in der Antike. Die Juden Palästinas von Alexander dem Großen bis zur arabischen Eroberung, Neukirchen-Vluyn 1983, 174.

[189] Vgl. Itin. Burdig. 16.

[190] Im Unterschied zum 691/2 n.Chr. unter dem omajidischen Kalifen 'Abd al-Malik errichteten oktogonalen Schrein auf dem jüd. Tempelareal, dem Qubbat al-Sachra (»Felsenkuppel«), unglücklich heute »Felsendom« genannt.

[191] Vgl. Eus., Vita Const. 3,26–28.

[192] Vgl., dass Golgotha in christlicher Theologie zum Ort wurde, an dem Adam begraben bzw. erschaffen wurde, dass hier der Ort von Isaaks Opferung sei (dazu J. JEREMIAS, Golgotha, Angelos Beiheft 1, Leipzig 1926, 34–38.48–50).

Oliver Dyma

Die Wallfahrt zum Jerusalemer Tempel in seiner Spätphase

Jerusalem war im 1. Jh. n.Chr. ein ökonomisches und religiöses Zentrum: Es war zentraler Marktplatz und Hauptbezieher der agrarischen Produkte aus Palästina;[1] durch den Tempel und seine Wallfahrtsfeste erlangte es überregionale Bedeutung und war fest im kulturellen Gedächtnis der Juden in der Diaspora verankert. Der Jerusalemer Tempel präsentierte sich in seiner Spätphase, d.h. in den letzten Jahrzehnten vor seiner Zerstörung im Jahre 70 n.Chr., als Heiligtum mit breit etabliertem Wallfahrtswesen. Die großen Wallfahrtsfeste, die bereits in den Kultkalendern des Pentateuch gefordert werden, darüber hinaus vielleicht auch das Chanukka-Fest, zogen Pilger in großer Zahl an mit den entsprechenden Konsequenzen für Stadt und Bevölkerung.[2]

1. Kurze Entstehungsgeschichte der Jerusalemer Wallfahrt

Dass sich so viele jüdische Menschen aufmachen und zu den Festen nach Jerusalem an seinen Tempel kamen, ist in der Geschichte Israels eine relativ späte Entwicklung:[3]

Der kultische Kalender Ex 23,14–17 zeigt, dass die drei Jahresfeste: das Fest der ungesäuerten Brote (Mazzot), das Wochenfest (Schavu'ot) und das Laubhüttenfest (Sukkot) ursprünglich agrarisch ausgerichtet waren und wohl am lokalen Heiligtum, etwa einem Höhenheiligtum, gefeiert wurden. Die Erstlings-

---

[1] Vgl. A. LICHTENBERGER, Jerusalem in the Herodian Period (37 BC – AD 70), in: Z. Kafafi/R. Schick (Hg.), Jerusalem before Islam, BAR International Series 1699, Oxford 2007, 118–133, 128.

[2] Die ausführlichste Darstellung der Wallfahrt in dieser Phase bietet immer noch S. SAFRAI, Die Wallfahrt im Zeitalter des Zweiten Tempels, FJCD 3, Neukirchen-Vluyn 1981 (1965); die Arbeit wird hier nicht im Einzelnen zitiert.

[3] Möglicherweise wurden in vorherodianischer Zeit nur aus Israel selbst Wallfahrten nach Jerusalem unternommen, zumindest gibt es keine Quellen, die für diesen Zeitraum Wallfahrten aus der Diaspora belegen, vgl. M. GOODMAN, The Pilgrimage Economy of Jerusalem in the Second Temple Period, in: L.I. Levin (Hg.), Jerusalem. Its Sanctity and Centrality to Judaism, Christianity, and Islam, New York 1999, 69–76, 71; zur Vorgeschichte vgl. O. DYMA, Die Wallfahrt zum Zweiten Tempel. Untersuchungen zur Entwicklung der Wallfahrtsfeste in vorhasmonäischer Zeit, FAT II 40, Tübingen 2009.

gaben werden Gott zugeeignet, um ihm für die Erntefülle zu danken und sich auch weiterhin des Segens, der sich in der Fruchtbarkeit zeigt, zu vergewissern.

Die sogenannte Kultreform des Königs Joschija (vgl. 2Kön 22–23) am Ende des 7. Jh. v.Chr. versuchte, den JHWH-Kult am Jerusalemer Tempel zu zentrieren: dem einen Gott JHWH sollten nur an dem einen Tempel Opfer dargebracht werden (vgl. Dtn 12). In diesem Zuge sollten auch die drei Jahresfeste in Jerusalem gefeiert werden (Dtn 16); hierdurch wurden sie allererst zu Wallfahrtsfesten.[4] Es ist umstritten, ob und in welchem Umfang es die Joschijanische Kultreform gegeben hat. Belege für Wallfahrten nach Jerusalem sind für die vorexilische Zeit spärlich: Dem Buch der Klagelieder ist zu entnehmen, dass das Fehlen von Festgästen beweint wird, doch wird nicht deutlich, von woher und in welcher Anzahl diese gekommen waren, zudem werden auch die Feste nicht genau benannt. Die Stelle, die am deutlichsten von Wallfahrten nach Jerusalem in der Königszeit aus dem Gebiet des Nordreiches spricht, 1Kön 12,27f, ist so stark von einer späteren, deuteronomistischen Redaktion geprägt, dass Schlussfolgerungen für die vorexilische Wallfahrt kaum erlaubt sind.

In nachexilischer Zeit konnte die Kultzentralisation sicher greifen; wegen des kleinen Einzugsgebietes der persischen Provinz Jehud war sie *de facto* in Geltung: Wer kultische Verrichtungen am Tempel zu erledigen hatte, ging nach Jerusalem, nachdem der im Jahre 587 v.Chr. zerstörte Tempel gegen Ende des 6. Jh. v.Chr. wieder aufgebaut worden war. Vielleicht sollte man hier zunächst noch nicht von Wallfahrten im engeren Sinne reden, da der Tempelbesuch sozusagen zu den alltäglichen kultischen Handlungen gehörte.

In der Zeit der persischen Herrschaft über Palästina begann sich das Einzugsgebiet des Jerusalemer Tempels langsam auszuweiten, zunächst in den Bereich des ehemaligen Nordreiches: Die Chronikbücher, verfasst gegen Ende des 4. oder Anfang des 3. Jh.s v.Chr., können in gewisser Weise als Einladung an die Bewohner dieses Gebietes gelesen werden, am Kult in Jerusalem und speziell an den Festen, genauer am Pesach-Fest teilzunehmen. Dies zeigt sich besonders an den beiden Pesach-Schilderungen bei Joschija (2Chron 35) und Hiskija (2Chron 30). Speziell die Textgeschichte von 2Chron 30 lässt vermuten, dass tatsächlich Wallfahrten aus dem Gebiet des ehemaligen Nordreiches stattgefunden haben, denn es werden Lösungen für praktische Probleme gesucht

---

[4] Die ältere Forschung war im Rahmen der sog. Amphiktyonie-Hypothese A. Alts davon ausgegangen, dass Jerusalem bereits mit der Überführung der Lade durch David zentraler Kultort der Israeliten und Ziel von Wallfahrten geworden war.

(vgl. V.17–20: Unreinheit der Kultteilnehmer, unterschiedliche Pesach-Gebräuche).[5]

Im deuterokanonischen Tobitbuch, das etwa ein Jahrhundert später verfasst wurde, dient die Wallfahrt dazu, den Protagonisten der Erzählung, Tobit, als guten Juden zu charakterisieren, der die Gebote der Tora einhält. Die Wallfahrten aus dem Bereich des ehemaligen Nordreiches scheinen nun gängige Praxis zu sein. Für den Bereich der Diaspora, in dem die Geschichte spielt, sind aber andere Verpflichtungen wichtiger, so die Fürsorge für die Armen oder die Bestattung der Toten (vgl. Tob 1,17). Die Wallfahrt nach Jerusalem gehört nicht zu den Pflichten der in der Diaspora lebenden Juden, wenngleich der Bezug zu Jerusalem als identitätsstiftendem Zentrum insbesondere in den Rahmenteilen des Buches deutlich zum Ausdruck kommt.[6] Besonders betont wird im Tobitbuch im Zusammenhang mit den Wallfahrten die Abgabe der Zehnten (vgl. Tob 1,6–8; 5,14). Die Formulierungen in Tob 1,6–8 sind in den beiden griechischen Versionen unterschiedlich; sie lassen sich nicht einfach aus den Pentateuch-Regelungen ableiten, sondern spiegeln eine Abgabenpraxis wider, die sich später ähnlich bei Josephus findet.[7]

Die beiden dem Zweiten Makkabäerbuch vorangestellten Briefe aus dem 2. Jh. v.Chr. (vgl. 2Makk 1,1–10a; 1,10b–2,18) weiten den Blick über Palästina hinaus. Sie richten sich an Juden in der (ägyptischen) Diaspora. Diese werden hier zum ersten Mal in hellenistischer Zeit dazu angehalten, ein Tempelfest, das Fest der Wiedereinweihung des Tempels, zu begehen. Sie werden allerdings (noch) nicht direkt aufgefordert, dafür nach Jerusalem zu kommen. Der Jerusalemer Tempel und seine Feste aber werden auf diese Weise bei den Juden der Diaspora zu einer Zeit propagiert, da die Jerusalemer Tempelaristokratie einige Selbstständigkeit erlangen konnte. Mit den hasmonäischen Königen am Ende des 2. Jh. v.Chr. bekam der Tempel eine bedeutendere Stellung, das jüdische Territorium wurde vergrößert und Reinheitsvorschriften wurden wichtiger.[8] Zugleich nahmen die Hasmonäer aber auch gewisse hellenistische Bräuche an, wie etwa die Einführung von Feiertagen für militärische Siege (Nikanor-Tag).[9] Sollte der Kalender, der für den Tempelkult relevant war, unter der hasmonäischen Herrschaft an den internationalen Kalenderstandard ange-

---

[5] Näheres dazu bei O. DYMA, Wallfahrt, 174–179.
[6] Vgl. Tob 1,4–8; 13,10–18; 14,4–6.
[7] Vgl. Ant. IV 8,22 (240–243); dazu O. DYMA, Wallfahrt, 240–244.
[8] Vgl. L.I. LEVINE, Hasmonean Jerusalem: A Jewish City in a Hellenistic Orbit, Judaism 46, 1997, 140–146.
[9] Vgl. 1Makk 7,48f; dazu auch L.I. LEVINE, Hasmonean Jerusalem.

glichen worden sein, hätte dies die Bedeutung des Jerusalemer Tempels in der Diaspora weiter gesteigert, da die Juden dort diesen Kalender benutzten.[10]

Ein Motor für das Wallfahrtswesen am Jerusalemer Tempel war aber dann sicherlich die *Pax Romana*, die eine größere Reisefreiheit ermöglichte.[11] Schließlich verstärkte Herodes der Große die internationalen Beziehungen beispielsweise durch patronale Fürsorge und Euergesie. »Von dieser Politik profitierten alle Diaspora-Gemeinden des Reiches.«[12]

2. Jüdische Bindungen an Jerusalem

Die jüdische Bevölkerung von Palästina wie die in der Diaspora stand in individuellen wie institutionellen Bezügen zu Jerusalem und seinem Tempel, weswegen Reisen dorthin unternommen wurden.

Da die Darbringung von Opfern in den Synagogen der Diaspora nicht möglich war, mussten Juden – und mit ihnen auch Proselyten und Gottesfürchtige, vgl. z.B. mSheq 7,6; Apg 8,27 – nach Jerusalem kommen oder ihre Opfer dorthin schicken. Die Konversion zum Judentum wurde möglicherweise anlässlich der Feste, speziell dem Pesach-Fest, in Jerusalem vollzogen.[13] Juden aus der Diaspora kamen auch zum Tora-Studium nach Jerusalem oder um sich in Tempelnähe beerdigen zu lassen oder um sich ganz in Jerusalem niederzulassen. Landsmannschaftlich organisierte Synagogen (vgl. Apg 6,9) waren den in der Stadt Fremden erste Anlaufstelle und Hilfe in praktischen Dingen, nicht zuletzt bei der sprachlichen Verständigung.

Die Bevölkerung Palästinas war liturgisch mit dem Tempel durch die Einrichtung von priesterlichen Diensten (Mischmarot) und Standmannschaften

---

[10] Die Frage des Kalenders ist allerdings umstritten. Gegen die klassische Meinung, das in Qumran festzustellende Kalendersystem sei eine Sonderentwicklung, hat jüngst wieder M. Albani die Meinung vertreten, dass man darin den ursprünglichen Kalender des Jerusalemer Tempelkultes sehen kann (M. ALBANI, Israels Feste im Herbst und das Problem des Kalenderwechsels in der Exilszeit, in: E. Blum/R. Lux (Hg.), Festtraditionen in Israel und im Alten Orient, VWGTh 28, Gütersloh 2006, 111–156). Spätestens jedoch in hasmonäischer Zeit wird der internationale Kalender verwendet, wie dies schon an den Datierungen der Feste in den Makkabäerbüchern ersichtlich ist (vgl. 2Makk 1,9.18).

[11] Vgl. S. SAFRAI, Relations between the Diaspora and the Land of Israel, in: S. Safrai/M. Stern (Hg.), The Jewish People in the First Century. Historical Geography, Political History, Social, Cultural and Religious Life and Institutions, Bd. 1, CRI 1,1, Assen 1974, 184–215, 186.

[12] Vgl. E. BALTRUSCH, Herodes, Rom und die jüdische Diaspora, in: L.-M. Günther (Hg.), Herodes und Jerusalem, Stuttgart 2009, 47–59, 54.

[13] Vgl. S. SAFRAI, Relations, 187f.199f.

(Ma'amadot) verbunden, die das Volk beim Tempelkult vertraten und im wöchentlichen Wechsel ihren Dienst verrichteten. Möglicherweise reicht diese Institution in persisch-hellenistische Zeit zurück.[14]

In der Diaspora spielte das Sammeln und die Entrichtung der Tempelsteuer sowie weiterer Abgaben[15] und Spenden eine wichtige Rolle; das Geld wurde eingesammelt und in festlichem Zug nach Jerusalem gebracht (vgl. Philo, Spec.Leg. 1,77f). Dabei gibt es unterschiedliche Meinungen darüber, welchen religiösen Status die erwähnten Geldleistungen haben. Meinen die einen, die Entrichtung des Halbschekels konnte als Ersatz für Wallfahrten bzw. Teilnahme am Opferkult angesehen werden,[16] so argumentiert etwa D.R. SCHWARZ, der Halbschekel hätte möglicherweise eher der Stadt als dem Tempel gegolten: Hellenisierte Juden hätten diesem wenig Enthusiasmus entgegengebracht, sich vielmehr an Jerusalem als der herausragenden Stadt des Judentums orientiert.[17] Das Geld wurde vermutlich in Verbindung mit einer Reise zu den Festen nach Jerusalem gebracht (vgl. mSheq 3). Die Einnahmen waren schließlich so groß, dass auch öffentliche Angelegenheiten der Stadt Jerusalem davon bestritten werden konnten (mSheq 4,1–2).[18]

Ein weiteres verbindendes Element war durch die Kalenderberechnung gegeben, die für die korrekte Einhaltung der religiösen Festzeiten wichtig ist. Die Feststellung des Neumondes und notwendige Interkalationen zur Anpassung

---

[14] Vgl. mTaan 4,2f; L.I. LEVINE, Hasmonean Jerusalem, 141; T. WILLI, Das שיר המעלות. Zion und der Sitz im Leben der »Aufstiegslieder« Psalm 120–134, in: B. Huwyler (Hg.), Prophetie und Psalmen, FS K. Seybold, AOAT 280, Münster 2001, 153–162; J. LIVER/D. SPERBER, Mishmarot and Ma'amadot, EJ² 14, 2007, 154–158.

[15] Hierzu zählen die Erstlings-, wie die Zehntabgaben für die Priester, die im Land evtl. direkt an die Priester ausgehändigt wurden – ohne Umweg über den Tempel, aus der Diaspora aber noch nach Jerusalem gebracht wurden, vgl. S. SAFRAI, Relations, 201ff; DERS., Wallfahrt, 277ff; J.M.G. BARCLAY, Jews in the Mediterranean Diaspora. From Alexander to Trajan (323 BCE – 117 CE), Edinburgh 1996, 417–419.

[16] Vgl. A. KERKESLAGER, Jewish Pilgrimage and Jewish Identity in Hellenistic and Early Roman Egypt, in: D. Frankfurter (Hg.), Pilgrimage & Holy Space in Late Antique Egypt, RGRW 134, Leiden u.a. 1998, 99–225, 108; A. LIEBER, Between Motherland and Fatherland: Diaspora, Pilgrimage and the Spiritualization of Sacrifice in Philo of Alexandria, in: L. LiDonnici/A. Lieber (Hg.), Heavenly Tablets. Interpretation, Identity and Tradition in Ancient Judaism, JSJ.S 119, Leiden/Boston 2007, 193–210, 198.

[17] D.R. SCHWARTZ, Temple or City: What did Hellenistic Jews See in Jerusalem?, in: M. Poorthuis/C. Safrai (Hg.), The Centrality of Jerusalem. Historical Perspectives, Kampen 1996, 114–127, 120ff.

[18] Vgl. S. SAFRAI, Relations, 188–192; J. ÅDNA, Jerusalemer Tempel und Tempelmarkt im 1. Jh. n.Chr., ADPV 25, Wiesbaden 1999, 101–109.

des Mond- und Sonnenjahres gingen von Jerusalem aus und wurden durch Boten den jüdischen Gemeinschaften in der Diaspora mitgeteilt.[19]

3. Von der verpflichtenden zur freiwilligen Wallfahrt

Die Wallfahrten nach Jerusalem mit einer Vielzahl von Pilgern fanden vor allem anlässlich der großen Tempelfeste statt. Auch wenn andere Ursprünge speziell für das Pesach- und Mazzot-Fest vermutet werden, so sind sie für die Wallfahrt doch v.a. als Tempelfeste relevant. Die drei großen Feste sind aus den Kultkalendern des Pentateuch (Ex 23; Ex 34; Dtn 16; Lev 23; Num 28f) bekannt und als verpflichtende Wallfahrten jedem Juden vorgeschrieben.

Bemerkenswerterweise verschwand aber der religiöse Verpflichtungscharakter im Laufe der Zeit: Die Teilnahme an der Wallfahrt wurde in frühjüdischer Zeit zu einer verdienstvollen, aber freiwilligen Tat.[20] Wallfahrten nach Jerusalem werden nur unternommen, wenn dies die finanzielle Situation zulässt und die lange Abwesenheit zu organisieren ist. Dies wurde nicht als Verletzung des alttestamentlichen Gebots betrachtet.[21] Der Großteil der Diaspora-Juden wird vermutlich nie an einer Wallfahrt nach Jerusalem teilgenommen haben.

Selbst Philo von Alexandrien, für den als begüterten Juden die Finanzierung leicht gewesen sein dürfte, war wohl nur einmal in Jerusalem.[22] In seinen Schriften allegorisiert er den Tempel und dessen Kult, dennoch schätzt er die Wallfahrt.[23] Sie ist für ihn eine Prüfung der frommen Gesinnung, die freilich nur bei denen voll zur Geltung kommt, die im Ausland, also in der Diaspora leben.[24]

---

[19] Vgl. S. SAFRAI, Relations, 206f.

[20] Vgl. A. KERKESLAGER, Jewish Pilgrimage, 106; Y. TSAFRIR, Jewish Pilgrimage in the Roman and Byzantine Periods, in: E. Dassmann u.a. (Hg.), Akten des XII. Internationalen Kongresses für Christliche Archäologie, Bonn 1991, JbAC.E 20,1, Münster 1995, 369–379, 369: »personal token of piety«. Hierfür könnte auch die Formulierung bei Lk 2,42 sprechen, wonach die Wallfahrt gemäß dem »Festbrauch« stattfindet, während V. 22f als Grund für die Darstellung des Kindes das »Gesetz des Mose« bzw. »des Herrn« anführt.

[21] Vgl. S. SAFRAI, Pilgrimage to Jerusalem at the End of the Second Temple Period, in: O. Michel u.a. (Hg.), Studies on the Jewish Background of the New Testament, Assen 1969, 12–21.

[22] Vgl. De Prov. 2,64.

[23] Vgl. A. LIEBER, Motherland, 209.

[24] Vgl. Y. AMIR, Die Wallfahrt nach Jerusalem in Philons Sicht, in: Y. Amir (Hg.), Die hellenistische Gestalt des Judentums bei Philon von Alexandrien, FJCD 5, Neukirchen-Vluyn 1983, 52–64, 57.

Dabei betont Philo einerseits die Belastungen, die eine solche Reise mit sich bringt (Spec.Leg. 1,67f), und hebt andererseits die Erholung und die innigen Freundschaften mit zuvor Fremden hervor, die in Jerusalem »bei Schlacht- und Trankopfern« geschlossen werden können (1,70). Die Frömmigkeit ist für ihn die Grundlage dieser neuen Freundschaften.[25] Die Hochstimmung bei den Festen im Tempel schafft eine neue Verbundenheit, wie an Spec.Leg. 1,69 zu erkennen ist:

> Den besten Beweis hierfür gibt das, was (täglich) geschieht: denn viele Tausende strömen aus Tausenden von Städten, zu Wasser und zu Lande, von Ost und West, von Nord und Süd, zu jedem Feste zum Heiligtum wie zu einem allgemeinen, sicheren Zufluchts- und Rettungsort vor den Händeln und Unruhen des Lebens, um hier Ruhe zu finden und ein wenig frei von den Sorgen, unter deren drückendem Joche sie von frühester Jugend an schmachteten, eine kurze Spanne Zeit in heiterem Frohsinn zu verleben.[26]

Der Wallfahrt kommt so eine identitätsstiftende Funktion für die Pilger und durch sie für das in die Welt zerstreute Judentum zu.

4. Die Wallfahrtsfeste

Die Riten und Bräuche der einzelnen Feste basieren auf alttestamentlichen Regelungen. Wie die Feiergestalt in den letzten Jahrzehnten des Tempels ausgesehen hat, wird ausführlich in der rabbinischen Literatur beschrieben; hierbei ist allerdings mit möglichen späteren Idealisierungen und Verzeichnungen zu rechnen.[27] Die Feste sollen hier kurz skizziert werden:

Pesach- und Mazzot-Fest

Pesach (oder Pascha) und Mazzot waren zwei ursprünglich wohl getrennte, später aber miteinander verbundene Feste im Frühjahr. Auf das eigentliche,

---

[25] Vgl. Y. AMIR, Wallfahrt, 62.

[26] Übersetzung nach: Philo von Alexandrien, Die Werke in deutscher Übersetzung, 7 Bde., hg. v. L. COHN u.a., Berlin ²1962–1964.

[27] Einen guten Einblick geben die jeweiligen Artikel in der Encyclopaedia Judaica (2. Auflage); vgl. auch D. MACH, Feste und Feiertage, III. Judentum, TRE 11, 1983, 106–115. Zur Frage der Zuverlässigkeit der rabbinischen Texte: S. SAFRAI, Jerusalem and the Temple in the Tannaitic Literature of the First Generation after the Destruction of the Temple, in: A. Houtman u.a. (Hg.), Sanctity of Time and Space in Tradition and Modernity, JCPS 1, Leiden u.a. 1998, 135–152. Gut zugänglich ist jetzt die Ordnung der Mischna: M. KRUPP, Die Mischna. Festzeiten – Seder Mo'ed. Aus dem Hebräischen übersetzt, Frankfurt a.M./Leipzig 2007.

eintägige Pesachfest, an dem die Pesachlämmer im Tempel geschlachtet wurden (14. Nisan), folgte das siebentägige Essen von ungesäuertem Brot (Mazzot) mit einer abschließenden Festversammlung. Auch das ganze, kombinierte Fest wurde schließlich als Pesach bezeichnet. Der Tag, an dem die Pesachlämmer geschlachtet werden, wurde zum ›Rüsttag‹ des Festes.

Nach der Schlachtung im Tempel wurden die Pesachlämmer am Feuer geröstet, ursprünglich wohl im Tempel (vgl. 2Chron 35,13f), später dann außerhalb des Tempels, aber noch in Jerusalem (vgl. mPes 5,10; 7,9.12). Anschließend wurden sie in Familiengruppen von zehn und mehr Personen verzehrt.[28] Wenn zwei Gruppen in einem Raum feierten, so blieben die Feiern getrennt (mPes 7,13).

Obwohl zu Beginn der Erntezeit ein agrarischer Kontext für die Entstehung der beiden Feste nahe liegt, werden sie im Pentateuch heilsgeschichtlich begründet: Es soll der Befreiung aus der Sklavenschaft in Ägypten gedacht werden.[29] Die Erzählung in Ex 12 und 13 scheint dabei nahezulegen, dass das Pesach ursprünglich ein Fest der Familien war. Dies kann jedoch nicht einfach vorausgesetzt werden: Die Texte, die von Pesachfeiern berichten, handeln von Tempelfeiern (vgl. 2Kön 23; Esr 6; 2Chron 30; 35).[30] Von daher ist zu überlegen, ob nicht Ex 12–13 eher eine ätiologische Erzählung für den Tempelkult darstellt.[31] In jedem Fall spielen die Familienoberhäupter eine wichtige Rolle bei der Durchführung; zusammen mit den Leviten sind sie für die Opferung der Pesachlämmer zuständig.

Wochenfest (Schavuʻot)

Der Name des nächsten Festes ist ›Wochenfest‹. Er leitet sich davon ab, dass zur Errechnung des Festtermins von Pesach-Mazzot ab sieben Wochen bzw. 50 Tage

---

[28] Dies bildet die Vorstufe des späteren Seder-Abends, dessen Ausgestaltung auch durch die christliche Liturgie beeinflusst wurde, vgl. dazu die Literaturhinweise bei C. LEONHARD, Pessachhaggada und Osternacht. Gegenseitige Beeinflussung von jüdischer und christlicher Liturgie, KuI 16, 2001, 45–47.

[29] Vgl. Ex 12,14.17; 13,3; 23,15; 34,18; Dtn 16,3.

[30] Eine Pesachfeier wird auch in Jos 5,10f geschildert; da Israel hier noch nicht im Land und der Tempel noch nicht gebaut ist, kann es hier kein Tempelfest sein. Es handelt sich aber um eine gemeinschaftliche Feier.

[31] Vgl. C. LEONHARD, Die Erzählung Ex 12 als Festlegende für das Pesachfest am Jerusalemer Tempel, JBTh 18, 2003, 233–260; S. CHAVEL, The Second Passover, Pilgrimage, and the Centralized Cult, HThR 102, 2009, 1–24.

gezählt werden sollen.[32] Die beiden Feste sind somit kalendarisch eng miteinander verbunden. Allerdings ist die Zählung der Wochen nach den pentateuchischen Kultkalendern nicht eindeutig geregelt, speziell die Frage, von wann beginnend 50 Tage gezählt werden sollen (vgl. Lev 23,11.15f).[33] In der späteren jüdischen Praxis beginnt das sog. Omer-Zählen am zweiten Tag des siebentägigen Pesach-Mazzot-Festes, dem 16. Nisan; »Sabbat« (V. 15) bezeichnet dann den ersten mit Arbeitsruhe verbundenen Festtag.[34]

Das Wochenfest ist ein eintägiges Erntefest, an dem die Erstlingsgaben von fern und nah zum Tempel gebracht werden (vgl. Num 28,26; mBik 3,3).[35] Später wird am Wochenfest auch die Gabe der Tora am Sinai gefeiert.[36]

---

[32] Eine alternative Deutung des Festnamens wäre »Fest der Fülle«, was aus dem agrarischen Kontext abgeleitet werden könnte; die Kultkalender verwenden die etymologische Erklärung über die Wochen. Eine dritte Möglichkeit, den Namen zu übersetzen, ist »Fest der Schwüre«; dies könnte u.a. dazu geführt haben, dass das Fest zur Erinnerung der Gabe der Tora am Sinai wurde; vgl. auch G. STEINS, Sinaibund und Wochenfest. Ein neuer Blick auf 2 Chronik 14–16, in: C. Dohmen/C. Frevel (Hg.), Für immer verbündet. Studien zur Bundestheologie der Bibel, FS F.-L. Hossfeld, SBS 211, Stuttgart 2007, 239–248. Der griechische Name ist *pentēkostē* (= »Fünfzigster« Tag, verballhornt zu »Pfingsten«, s. Tob 2,1).

[33] Die Unstimmigkeiten erledigen sich, wenn man für Lev 23 von einem schematischen 364-Tage-Kalender ausgeht, wie er ähnlich auch dem Jubiläen-Buch zugrunde liegen könnte (vgl. M. ALBANI, Israels Feste).

[34] Vgl. W. EISS, Das Wochenfest im Jubiläenbuch und im antiken Judentum, in: M. Albani u.a. (Hg.), Studies in the Book of Jubilees, TSAJ 65, Tübingen 1997, 165–178.

[35] Nach mBik 1,6 konnten die Erstlingsgaben zwischen Wochen- und Laubhüttenfest dargebracht werden.

[36] Belege dafür gibt es nicht vor dem 2. Jh. n.Chr.: vgl. L. Jacobs, Shavuot, EJ² 18, 2007, 422f; U. GLESSMER, Explizite Aussagen über kalendarische Konflikte im Jubiläenbuch: Jub 6,22–32.33–38, in: M. Albani u.a. (Hg.), Studies in the Book of Jubilees, TSAJ 65, Tübingen 1997, 127–164, 175. G. STEINS, Sinaibund, hält diese Tradition für älter.
Die Abfolge der Feste entspricht somit der Erzählung im Buch Exodus: erstes Pesachfest in Ägypten und Auszug (Ex 12–15) – Sinai-Theophanie, Gabe der Tora, Bund (Ex 19.20–23.24). Möglicherweise spiegelt sich diese Abfolge auch bei der Anordnung der Psalmen: Ps 113–118 werden am Pesach-Abend verwendet (sog. Ägyptisches Hallel), der lange Ps 119 beschäftigt sich mit der Tora und die Zionspsalmen Ps 120–134, die meist wegen ihrer nicht sicher zu übersetzenden Überschrift als »Wallfahrtspsalmen« bezeichnet werden, könnten dann mit dem nächsten Fest, dem Laubhüttenfest, in Verbindung stehen. Dort finden aber auch Ps 113–118 Verwendung (vgl. mSuk 3,9).

Laubhüttenfest

Das dritte Fest ist von ausgelassener Freude geprägt und durch verschiedene Bräuche gekennzeichnet: die Errichtung von Laubhütten – danach ist es auch benannt – und das Schwenken eines Feststraußes (vgl. Lev 23,39–43), Umschreitungen des Altars und Wasserlibationen sowie das Entzünden von Lichtern mit nächtlichen Tänzen und Gesängen von frommen Männern und Leviten (vgl. mSuk 5,4). Es ist ein siebentägiges Erntefest im Herbst (15. bis 21. Tischri), an dem für die Ernte gedankt und um erneute Fruchtbarkeit gebetet wurde (vgl. Ex 23,16; Dtn 16,15.17; mSuk 4,5). Das Laubhüttenfest tritt in eine Reihe mit weiteren Festtagen im selben Monat, speziell dem Neujahrstag und dem Versöhnungstag, Jom Kippur.

Das Herbstfest kann als das Tempelfest schlechthin gelten. Insbesondere dürfte es in Verbindung zur fruchtbarkeitsstiftenden Funktion des Tempels gestanden und durch spezielle Riten den kosmologischen Wasserfluss in Gang gehalten haben, was zu Beginn der Regenzeit in einer Region, die fast ausschließlich vom Regenfeldbau lebt, kultisch notwendig war. In den alttestamentlichen Texten finden sich zu diesem Zusammenhang allenfalls noch Reste: So wird in Sach 14,16f denjenigen Völkern, die in der Endzeit die Wallfahrt nach Jerusalem auf sich nehmen, Fruchtbarkeit zugesagt, denen aber, die sich weigern, das Ausbleiben des Regens angedroht.

Verbindungen des Festes zum Wasser werden auch noch im Talmud und der Mischna deutlich. Die Mischna berichtet von Wasserlibationen und von einem Ritual des Wasserschöpfens, dessen genaue Funktion und Bedeutung aber leider im Dunkeln bleibt; dazu werden nachts Feuer und Fackeln entzündet, Musik gespielt und getanzt.[37] Der Talmud (bSuk 53a–53b) überliefert folgende Funktion der sog. Stufenlieder (Ps 120–134): Ihre Rezitation diene dazu, das Wasser des Unterweltsozeans ansteigen zu lassen, der so die Erde befeuchten konnte. Die mythische Dimension ist unmittelbar evident.

Dass die Laubhütten speziell als Unterkunft für Pilger gedacht waren, ist unwahrscheinlich, da hierfür eher Zelte anzunehmen sind und bei Pesach und

---

[37] Vgl. mSuk 4,1.9; 5,1–4. Dazu J.L. RUBENSTEIN, The History of Sukkot in the Second Temple and Rabbinic Periods, BJS 302, Atlanta 1995, 131: »the most obscure of the sukkot temple rites«. Ob sich die in mSuk 5,1 erwähnte »Freude von der Stätte des Schöpfens« auf das Wasserschöpfen bezieht, ist nicht sicher, da anschließend lediglich von Licht die Rede ist; S. SAFRAI, Wallfahrt, 244f, schlägt daher »Fackelfest« als ursprüngliche Bedeutung vor. Gemäß dem Jerusalemer Talmud heißt die Stätte so, »weil man dort den Heiligen Geist schöpft« (jSuk 5,1/3 [55a], mit Verweis auf Jes 12,3).

Wochenfest keine Laubhütten erwähnt werden; darüber hinaus berichtet Philo (Flacc. 116) von der Errichtung von Laubhütten in der Diaspora.[38] Das Laubhüttenfest wurde – wie in Lev 23 und Num 29 deutlich wird – zum eigentlichen Fest Israels, das die heilsgeschichtlichen Begründungen auf sich zog.[39] Es konnte einfach als »das Fest« bezeichnet werden[40] und war in der alttestamentlichen und später der rabbinischen Rezeption das wichtigste Fest.[41]

Chanukka

Eine wichtige Stellung dürfte auch das achttägige Chanukka-Fest eingenommen haben, das gut zwei Monate später, beginnend am 25. Kislew, gefeiert wurde. An ihm wird der Wiedereinweihung des Tempels durch die Makkabäer im Jahre 164 v.Chr. gedacht. Bereits die zwei dem Zweiten Makkabäerbuch vorangestellten Briefe fordern Juden aus der Diaspora dazu auf, das Chanukka-Fest zu begehen. Es trägt hier noch nicht den Namen, sondern wird als »Laubhüttenfest im Monat Kislew« (2Makk 1,9) bezeichnet; das Fest zur Erinnerung an die Reinigung des Tempels soll also wie das Tempelfest schlechthin, das Laubhüttenfest, gefeiert werden (2Makk 1,18; vgl. 10,6f).[42] Dass die angesprochenen Juden dafür nach Jerusalem kommen sollen, wird nicht deutlich formuliert, könnte aber durch den Schluss des zweiten Briefs (2,18) angedeutet sein.

Ein wichtiges Element des Festes ist das Entzünden von Lichtern, das wohl vom Laubhüttenfest übernommen wurde.[43] Es wurde auch nach dem Untergang des Tempels beibehalten.

---

[38] Vgl. J.L. RUBENSTEIN, Sukkot, 71–73. Zu Zelten als Unterkünften vgl. auch Josephus, Ant. XVII 9,3 (217).

[39] Lev 23,43 bezieht den Brauch, Laubhütten zu bauen, auf den Auszug aus Ägypten; erstaunlicherweise fehlt in Lev 23 die Erwähnung des Auszugs beim Pesach-Mazzot-Fest. Nach Dtn 16,12 soll am Wochenfest der Knechtschaft in Ägypten gedacht werden.

[40] Vgl. 1Kön 8,65; 2Chron 7,8; Ez 45,23.

[41] Zur Rezeptionsgeschichte ausführlich: J.L. RUBENSTEIN, Sukkot; er hält es für das Hauptwallfahrtsfest (102.320). Vgl. auch C. KÖRTING, Der Schall des Schofar. Israels Feste im Herbst, BZAW 285, Berlin/New York 1999, 108.

[42] Vgl. D.R. SCHWARTZ, 2 Maccabees, CEJL, Berlin/New York 2008, 11f.139.521–525.

[43] Nach Josephus, Ant. XII 7,7 (325) wird das Fest nur »Licht« genannt.

5. Die Wallfahrer in Jerusalem

Die Anreisewege der Pilger waren durch die topographischen Bedingungen eingeschränkt.[44] In Jerusalem konnten sich einige von ihnen in dafür spezialisierten Unterkünften einquartieren, wie uns die griechische Theodotos-Inschrift zeigt:

> Theodotos, der Sohn des Venetus, Priester und Synagogenvorsteher, Sohn eines Synagogenvorstehers, Enkel eines Synagogenvorstehers, erbaute die Synagoge für die Lesung des Gesetzes und die Unterrichtung der Vorschriften und das Gästehaus und die Zimmer und die Wasservorrichtungen für die Herberge, die die aus der Fremde nötig haben ...[45]

Neben solchen Herbergen, die den Reisenden Schutz und Orientierung in der fremden Stadt boten, gab es sicherlich auch behelfsmäßige Unterkünfte sowie Zeltsiedlungen außerhalb der Stadtmauern; diese waren möglicherweise in drei Lagerstätten aufgeteilt, die entsprechend der Wasserversorgung ausgewählt waren.[46] Auch in umliegenden Dörfern kamen die Festpilger unter, beispielsweise in Betanien (vgl. Mk 11,11).

Wie viele Pilger anlässlich der großen Feste nach Jerusalem gekommen sind, ist kaum mehr mit Sicherheit zu eruieren. Josephus rechnet mit über zwei Millionen Festbesuchern,[47] während Philo immerhin von Zehntausenden aus Zehntausenden von Städten berichtet.[48] Auch Apg 2 und Lk 2 setzen große Pilgerströme voraus, ohne Zahlen zu nennen. Moderne Schätzungen differieren stark: S. SAFRAI spricht überschwänglich von Hunderttausenden.[49] Etwas genauer ist die Schätzung von L.I. LEVINE, der von einer Bevölkerung Jerusalems von 60.000 bis 80.000 Einwohnern ausgeht; diese Zahl habe sich während der

---

[44] Einen Überblick über mögliche Routen bietet S. HABER, Going Up to Jerusalem. Purity, Pilgrimage, and the Historical Jesus, in: DIES., »They Shall Purify Themselves«. Essays on Purity in Early Judaism, Early Judaism and Its Literature 24, Leiden/Boston 2008, 181–206, hier: 188–191.

[45] Übersetzung: T. CORSTEN, 1.3.4.2 Inschriften/Epigraphik, in: K. Erlemann/K.L. Noethlichs (Hg.), Neues Testament und Antike Kultur, Bd. 1: Prolegomena – Quellen – Geschichte, Neukirchen-Vluyn 2004, 125–130; vgl. C. CLAUSSEN, Versammlung, Gemeinde, Synagoge. Das hellenistisch-jüdische Umfeld der frühchristlichen Gemeinden, StUNT 27, Göttingen 2002, 186–191.218–220.

[46] Vgl. S. HABER, Going Up, 191f; Y. TSAFRIR, Pilgrimage, 371.

[47] Josephus, Bell. II 4,3 (280): drei Millionen; in Bell. VI 9,3 (424f) berichtet er von 255.600 Pesach-Opfern und rechnet mit 10 Festteilnehmern je Lamm.

[48] Vgl. Spec.Leg. I 69.

[49] S. SAFRAI/S.C. HYMAN, Pilgrimage, EJ² 16, 2007, 154–158, 154.

Feste auf das Zwei- bis Vierfache erhöht (= 125.000 bis 300.000 Festbesucher).[50] Aufgrund fehlender archäologischer Quellen lässt sich nichts Genaueres sagen. Allzu hoch wird man die Anzahl der Festteilnehmer jedoch nicht ansetzen dürfen, zieht man in Betracht, dass diese nicht nur irgendwo ihre Zelte aufschlagen mussten, sondern auch mit Wasser und Lebensmitteln versorgt werden mussten, ganz zu schweigen von sanitären und medizinischen Problemen, die bei großen Menschenmengen auftreten und auch andernorts Wallfahrtszentren zu schaffen machten.

6. Reinheitsvorschriften

Für die Teilnahme am Tempelkult mussten die Pilger bestimmte Reinheitsvorschriften beachten. Hierauf weisen schon die in der Theodotos-Inschrift (s.o.) genannten Wasserinstallationen hin. Bereits in Num 9 kommt diese Problematik zum Vorschein: Hier wird für diejenigen, die aufgrund der weiten Entfernung oder wegen Unreinheit den regulären Pesach-Termin nicht einhalten konnten, die individuelle Möglichkeit geschaffen, einen Monat später das Fest nachzuholen.[51]

Die Reinheitsvorschriften basierten auf den Regelungen, die wir im Pentateuch, v.a. im Buch Levitikus finden,[52] jedoch lässt sich heute kaum mehr eruieren, wie die im 1. Jh. geltenden Vorstellungen genau waren. Der verbreitete Gebrauch von Steingefäßen wie Bechern und Schalen, deren herausragende Eigenschaft ihre bleibende Reinheit war,[53] und rituellen Badevorrichtungen (Miqwa'ot) zeigt, dass entsprechende Vorschriften Anwendung fanden.

---

[50] L.I. LEVINE, Jerusalem. Portrait of the City in the Second Temple Period (538 B.C.E.–70 C.E.), Philadelphia 2002, 250f; J. Jeremias rechnete ursprünglich mit 55.000 Einwohnern und 125.000 Pilgern, frägt aber im Nachwort kritisch, ob dies »nicht etwas zu hoch gegriffen ist« (J. JEREMIAS, Jerusalem zur Zeit Jesu. Eine kulturgeschichtliche Untersuchung zur neutestamentlichen Zeitgeschichte, Göttingen ³1962, 98). Genaueres als »einige Zehntausend« lässt sich zur Einwohnerzahl Jerusalems nach heutigem Kenntnisstand nicht sagen (A. LICHTENBERGER, Herodian Period, 126).

[51] Vgl. S. CHAVEL, Second Passover.

[52] Vgl. Lev 11–15, z.B. die Verunreinigung durch Tierkadaver (Lev 11,24–40) oder menschliche Leichen (Num 19,10–22).

[53] Vgl. R. DEINES, Jüdische Steingefäße und pharisäische Frömmigkeit. Ein archäologisch-historischer Beitrag zum Verständnis von Joh 2,6 und der jüdischen Reinheitshalacha zur Zeit Jesu, WUNT II 52, Tübingen 1993, 243; er stellt ausführlich die archäologischen Befunde und die halachischen Regelungen dar; vgl. auch S. HABER, Going Up, 194f.

In besonderem Maße waren die Reinheitsvorschriften natürlich mit steigender Pilgerzahl von Bedeutung.[54] Viele wurden aufgrund ihrer Wallfahrtsreise unrein, was ihre Teilnahme am Tempelkult, derentwegen sie doch die Strapazen der Fahrt auf sich genommen hatten, gefährdete. Elementare Reinigungen in Jerusalem gewährten zumindest den Zugang in die äußeren Tempelareale, in den Innenhof konnten nur vollständig rituell gereinigte jüdische Männer gelangen. Verschiedene Installationen zur rituellen Reinigung sind archäologisch nachweisbar: Im ersten Jahrhundert finden sich Miqwa'ot in Jerusalem zum überwiegenden Teil in der Umgebung des Tempelberges. Auch auf dem Weg nach Jerusalem befanden sich außerhalb von Ortschaften an großen Straßen rituelle Badeanlagen, die ganz offensichtlich der Reinigung der Pilger dienten; sie wurden von offizieller Seite instand gehalten (vgl. tSheq 1,2; mSheq 1,1). Einige dieser Anlagen wiesen separate Ein- und Ausgänge auf, sodass diejenigen, die sich gerade erst im Bade gereinigt hatten, nicht wieder in Kontakt mit den noch Unreinen kommen würden.[55]

Auch in umliegenden Orten wie z.B. Jericho konnten sich die, die sich zur Wallfahrt aufmachten, vorbereitenden Waschungen unterziehen und mit mehrtägigen Reinigungsriten beginnen.[56]

7. Die Förderung des Wallfahrtwesens durch Herodes

Das Jerusalemer Wallfahrtswesen wurde vor allem durch Herodes den Großen (37–4 v.Chr.) befördert. Als römischer Klientelkönig wusste er die Gunst der Stunde zu nutzen und entfaltete eine rege Bautätigkeit, zu der auch die um-

---

[54] Den Aspekt der Reinheit in Zusammenhang mit der Wallfahrt diskutiert ausführlich S. HABER, Going Up; vgl. auch S. SAFRAI, Jerusalem in the Halacha of the Second Temple Period, in: M. Poorthuis/C. Safrai (Hg.), The Centrality of Jerusalem. Historical Perspectives, Kampen 1996, 94–113, § 3.

[55] Vgl. B. ZISSU/D. AMIT, Common Judaism, Common Purity, and the Second Temple Period Judean *Miqwa'ot* (Ritual Immersion Baths), in: W.O. McCready/A. Reinhartz (Hg.), Common Judaism. Explorations in Second-Temple Judaism, Minneapolis 2008, 47–62, 57–59.

[56] Speziell der Kontakt mit einem Leichnam oder Grab war verunreinigend und setzte eine siebentägige Reinigung voraus (vgl. Num 19,11–19). Zu Jericho vgl. J. SCHWARTZ, On Priests and Jericho in the Second Temple Period, JQR 79, 1988, 23–48: »Jericho [...] would have possessed the ashes of the red heifer, enabling those on pilgrimage and passing through Jericho to be purified before their arrival in Jerusalem. Thus the many *miqwa'ot* in the city may also have been for the use of pilgrims going up to Jerusalem« (35). Vgl. auch V. NOAM, The Dual Strategy of Rabbinic Purity Legislation, JSJ 39, 2008, 471–512.

fangreiche Neugestaltung des Jerusalemer Tempels gehörte.[57] Der von Herodes umgestaltete und erweiterte Heiligtumsbezirk war einer der größten in der hellenistisch-römischen Welt; leider war ihm keine lange Zukunft gegönnt. Das Tempelareal wurde praktisch verdoppelt: Die Tempelhöfe umfassten eine Fläche von etwa 14 ha, in der Länge von 470 bis 485 m, in der Breite 280 bis 315 m, bereit zahllose Pilger und Festteilnehmer aus der näheren Umgebung aufzunehmen. Zum Tempel gehörten auch die entsprechenden Märkte, auf denen sich die Festteilnehmer mit den erforderlichen Opfergaben und der am Tempel akzeptierten Währung versorgen konnten.[58] Die Erweiterung wurde einerseits durch die Einnahmen, die die gestiegenen Pilgerzahlen mit sich brachten,[59] ermöglicht, andererseits machten die Besuchermassen größere Installationen sowie Tempelmärkte notwendig. Ein prächtig ausgebautes Heiligtum zog wiederum weitere Pilger an.

Sind auf dem Tempelberg heute aus politischen Gründen auch keine eingehenden archäologischen Untersuchungen durchführbar und bleiben so unsere Vorstellungen des Tempels und seiner Vorhöfe – abgesehen von den eindrücklichen Umfassungsmauern, die auch heute noch zu sehen sind – weitgehend von den literarischen Zeugen (vor allem Josephus und dem Mischna-Traktat Middot) abhängig, so wissen wir doch mittlerweile durch die neueren Untersuchungen des Umfeldes des Tempelberges einiges: So kam bei Ausgrabungen auch eine kaum benutzte Straße zum Vorschein, die von den Ausgräbern als »Wallfahrtsstraße« bezeichnet wurde.[60]

König Herodes war nicht nur in Jerusalem tätig. Wahrscheinlich geht auch die Anlage des Patriarchengrabs von Hebron (die Machpela, Charam el-Chalīl) auf ihn zurück. Ein Podium mit einer Umfassungsmauer, die in Gestaltung und Proportionen große Ähnlichkeiten mit der Mauer um den Jerusalemer Tempelbezirk aufweist, sollte den Bereich markieren, wo nach den Erzählungen der Genesis die Erzeltern bestattet waren. In Mamre (Rāmet el-Chalīl), unweit von Hebron, wo sich Abraham niedergelassen hatte und ihm Gott erschienen war (Gen 13,18; 18,1), hat wohl auch Herodes eine vergleichbare Einfassung des heiligen Bezirks begonnen, die Anlage aber offensichtlich nicht vollendet. Die

---

[57] Vgl. ausführlich E. NETZER, The Architecture of Herod, the Great Builder, TSAJ 117, Tübingen 2006, Kap. 7; M. KÜCHLER, Jerusalem. Ein Handbuch und Studienreiseführer zur Heiligen Stadt, OLB IV,2, Göttingen 2007, 133ff. Bereits in hasmonäischer Zeit war das Tempelareal erweitert worden (ebd. 193), was ebenfalls auf gestiegene Pilgerzahlen im 2. Jh. v.Chr. hindeuten kann.

[58] J. ÅDNA, Tempelmarkt, bes. Kap. 6.

[59] Vgl. auch die Stiftungsinschrift rhodischer Juden (SEG 33 [1983] 1277 = 35 [1985] 1546; B. ISAAC, A Donation for Herods Temple in Jerusalem, IEJ 33, 1983, 86–92, bes. 89).

[60] Vgl. Welt und Umwelt der Bibel 15 (2010), Nr. 1, 65.

äußere Ähnlichkeit dieser Bauwerke mit dem Jerusalemer Tempel kann darauf hindeuten, dass auch hier ein Kontakt mit der göttlichen Sphäre, vermittelt durch die Patriarchen Israels, gesucht wurde. Es ist wahrscheinlich, dass Herodes die Machpela und die Anlage von Mamre als jüdische Wallfahrtsorte konzipierte.[61]

Herodes steht jedoch nicht nur in Verbindung mit dem jüdischen Wallfahrtswesen: Im Wallfahrtsheiligtum Sīʻ im Hauran, das dem Gott Baalschamin geweiht war, wurde zu seinen Lebzeiten eine Ehrenstatue in der Vorhalle aufgestellt. Möglicherweise hatte er sich an der Finanzierung beteiligt.[62]

8. Die Wallfahrt zu Gräbern

Die Grabanlage der Machpela war wohl nicht das einzige Ziel jüdischer Wallfahrten außerhalb von Jerusalem. Verschiedene literarische Indizien, so in der Schrift *Vitae Prophetarum*, deuten darauf hin, dass Propheten sowie anderen biblischen Personen und ihren Gräbern Verehrung zukam – entgegen alttestamentlicher Verbote und rabbinischer Vorbehalte.[63] Wenn es auch nicht ganz ausgeschlossen werden kann, dass hier spätere christliche Rezeptionen und Übermalungen vorliegen, so spricht doch einiges dafür, dass wir es mit Traditionen aus dem Judäa des 1. Jh. n.Chr. zu tun haben.[64] Sie zeigen »eine jüdische Umwelt Jesu, der die Propheten wichtig waren als Künder der Vorzeichen

---

[61] Vgl. A. KERKESLAGER, Jewish Pilgrimage, 139; P.W. VAN DER HORST, The Tombs of the Prophets in Early Judaism, in: ders., Japheth in the Tents of Shem. Studies on Jewish Hellenism in Antiquity, CBET 32, Leuven 2002, 119–137, 128; J. WILKINSON, Visits to Jewish Tombs by Early Christians, in: E. Dassmann u.a. (Hg.), Akten des XII. Internationalen Kongresses für Christliche Archäologie, Bonn 1991, JbAC.E 20,1, Münster 1995, 452–465, 459 (Er meint, die Umfassungsmauern hätten der Eingrenzung der Unreinheit gedient); A. LICHTENBERGER, Die Baupolitik Herodes des Großen, ADPV 26, Wiesbaden 1999, 143–149; D. JERICKE, Hebron, in: wibilex (2006), URL: http://www.wibilex.de/, zuletzt abgerufen am: 1.1.2010.

[62] Dies ist die Vermutung von K.S. FREYBERGER, Die frühkaiserzeitlichen Heiligtümer der Karawanenstationen im hellenisierten Osten. Zeugnisse eines kulturellen Konflikts im Spannungsfeld zweier politischer Formationen, DaF 6, Mainz 1998, 49.

[63] Vgl. Dtn 18,9–12; Num 19,11–13; bSan 47a–47b; bAS 29b; Sem 8,1 (D. ZLOTNICK, The Tractate »Mourning« [Śĕmahot]. Regulations Relating to Death, Burial, and Mourning, YJS 17, New Haven/London 1966). Vgl. dazu J.N. LIGHTSTONE, The Commerce of the Sacred. Mediation of the Divine among Jews in the Graeco-Roman Diaspora, BJS 59, Chico 1984, 75f; P.W. VAN DER HORST, Tombs, 132f.

[64] Einen hilfreichen Einblick in die Debatte bietet: P.W. VAN DER HORST, Tombs. Er geht auch ein auf die klassische Arbeit von J. JEREMIAS, Heiligengräber in Jesu Umwelt (Mt. 23,29; Lk. 11,47). Eine Untersuchung zur Volksreligion der Zeit Jesu, Göttingen 1958. Anders A. KERKESLAGER, Jewish Pilgrimage, 123–146.

des kommenden Weltendes, als Wundertäter und Fürbitter und deren Gräber besucht und in Ehren gehalten wurden.«[65] Die Gläubigen – Juden wie später auch Christen[66], teilweise auch pagane Verehrer – kamen dazu auch von auswärts mit ihren Anliegen angereist, allerdings sind die Belege für Wallfahrten nicht allzu deutlich.[67]

Zu den wichtigen Gräbern zählt sicher das von Herodes ausgebaute Patriarchengrab in Hebron[68]. Verschiedene Gräber wie dieses oder das Grab Simsons wurden bereits im Alten Testament lokalisiert,[69] während andere erst in der späteren Tradition einen Ort zugewiesen bekamen. So auch das Grab des Mose, das nach alttestamentlicher Tradition ja unbekannt ist (vgl. Dtn 34,6).[70] Für manche der verehrten Personen bestanden auch unterschiedliche, rivalisierende Lokalisierungen, so etwa bezüglich des Grabes der Josephsbrüder: Die dominierende samaritanische Tradition verortete deren Grab in Sichem (vgl. Apg 7,16), während sich die (judäische) Ansetzung in Hebron[71] nicht durchsetzen konnte.

Die Verehrung der Gräber hielt sich über eine lange Zeit. Der Pilger von Piacenza berichtet noch in der zweiten Hälfte des 6. Jh.s von jüdischen wie christlichen Pilgern bei den Patriarchengräbern sowie von einem Fest der Juden:

Auch der Todestag Jakobs und Davids wird in jener Gegend am Tage nach Weihnachten andächtig gefeiert, und zwar so, daß die Juden aus der ganzen Gegend zusammenkommen, eine unzählbare Menge, viel Weihrauch und Lampen darbringen und den Geistlichen dort Geschenke geben.[72]

---

[65] A.M. SCHWEMER, Vitae Prophetarum und Neues Testament, in: H. Lichtenberger u.a. (Hg.), Biblical Figures in Deuterocanonical and Cognate Literature, Deuterocanonical and Cognate Literature Yearbook 2008, Berlin/New York 2009, 199–230, 225.

[66] Die Blütezeit christlicher Verehrung von Grabstätten v.a. alt-, aber auch neutestamentlicher Personen beginnt erst ab dem 4./5. Jh., wie sich an Pilgerberichten ablesen lässt (vgl. P.W. VAN DER HORST, Tombs, 121f).

[67] Vgl. die Indiziensammlung bei P.W. VAN DER HORST, Tombs, 128–134.

[68] Vgl. Josephus, Bell. IV 9,7 (532).

[69] Lokalisierung des Patriarchengrabs: Gen 23; 25,9; 49,29–32; 50,13; Grab Simsons: Ri 16,31.

[70] Erst im Targum zu Num 32,3 sowie bei christlichen Autoren des 5. Jh. wird das Grab auf dem Nebo lokalisiert, vgl. P.W. VAN DER HORST, Tombs, 123.

[71] Vgl. Josephus, Ant. II 8,2 (199); Bell. IV 9,7 (531f); Jub 46,9. Vgl. dazu J. JEREMIAS, Heiligengräber, 36–38.95f.

[72] Antonini Placentini Itinerarium 30; Übersetzung nach H. DONNER, Pilgerfahrt ins Heilige Land. Die ältesten Berichte christlicher Palästinapilger (4.–7. Jahrhundert), Stuttgart ²2002, 274.

Sozomenos erwähnt im fünften Jahrhundert prächtige Feste, die alljährlich in der benachbarten Anlage von Mamre begangen werden und mit Handel verknüpft sind; neben Juden und Christen kommen hierher auch Araber und Phöniker.[73]

9. Die politische Dimension der Wallfahrt

An verschiedenen Wallfahrtsheiligtümern verbanden sich politische mit religiösen Interessen. In besonderer Weise trifft dies auf die jüdischen Feste in Jerusalem zu. Die Menschenmassen, die sich hier einfanden, bildeten eine politisch brisante Mischung. Da die Wallfahrtsfeste großenteils heilsgeschichtlich motiviert waren – vgl. z.B. die Pesach-Haggada, die von der politischen Befreiung Israels aus ägyptischer Knechtschaft berichtet – und die militärische Präsenz der Römischen Besatzungsmacht deutlich zu sehen war, hatten politische Agitatoren leichtes Spiel. Die römischen Machthaber aber fackelten nicht lange und versuchten mögliche Unruhen mit militärischer Gewalt im Keim zu ersticken. So berichtet Josephus an mehreren Stellen seiner Werke von entsprechenden Zwischenfällen an Tempelfesten.[74]

Ein Beispiel mag dafür genügen: Nachdem der Ethnarch Archelaos (4 v.– 6 n.Chr.) eine öffentliche Begräbnisfeier zum Gedächtnis seines Vaters Herodes veranstaltet hatte, wurden die Klagen der »Menge« immer lauter, während er versuchte, »die Aufrührer lieber durch Überredung als durch Gewalt zur Ordnung« zu bringen (Josephus, Bell. II 1,3 [8]). Während des Pesach-Festes aber spitzt sich die Lage zu (Bell. II 1,3 [10–11]):

Und wirklich stand gerade das Fest der ungesäuerten Brote unmittelbar bevor, das bei den Juden Passahfest genannt wird und eine große Anzahl Opfer erwarten läßt. Dabei kam aus dem Land eine unübersehbare Menge zum Gottesdienst, und die, die um die Gelehrten trauerten, standen gruppenweise im Tempel herum, um dem Aufstand neue Nahrung zu geben. Archelaos wurde nun angst und bange; so sandte er, bevor das Fieber der Empörung die ganze Menge anstecken würde, einen Obersten mit einer Kohorte und gab ihm den Auftrag, die Rädelsführer des Aufstands gewaltsam festzunehmen. Gegen sie geriet der Volkshaufe erst recht in Wut und tötete durch einen Steinhagel den größten Teil der Kohorte, der Oberst selbst wurde verwundet und entkam in knapper Not. Hierauf wandten sich die

---

[73] Sozomenos, Hist.eccl. 2,4 (dt. Übersetzung von G.C. Hansen, FC 73, 4 Bde., Turnhout 2004, 213–215). J. WILKINSON, Jewish Holy Places and the Origins of Christian Pilgrimage, in: R. Ousterhout (Hg.), The Blessings of Pilgrimage, Illinois Byzantine Studies 1, Urbana/Chicago 1990, 41–53, vermutet, dass es viele weitere solcher Feste gegeben hat (50).

[74] Vgl. R.F. MAYER-OPIFICIUS, Pilgerreisen und Feste als Unruhefaktoren im Palästina des ersten nachchristlichen Jahrhunderts, MARG 15, 2000, 61–80.

Täter, als wenn nichts Arges geschehen wäre dem Opfer zu [... Die darauf von Archelaos aufgebotenen Truppen] fielen plötzlich über alle Opfernden her und töteten an die 3000; die Übrigen zerstreuten sie in das nahe Bergland. Darauf folgten Herolde des Archelaos mit dem Befehl, ein jeder solle nach Hause zurückkehren, und so verließen alle das Fest und zogen heim.[75]

Zu erneuten Zusammenstößen mit vielen Toten kommt es anlässlich des Pfingstfestes, zu dem sich eine »unübersehbare Menge [...] aus Galiläa, Idumäa, Jericho und Peräa jenseits des Jordans«, vor allem aber aus Judäa einfand. Der römische Finanzprokurator von Syrien, Sabinus, hatte die königlichen Schätze durchwühlt mit Hilfe von Soldaten, die Varus in der Stadt zurückgelassen hatte, sowie mit verdingten Sklaven (Bell. II 3,1–4 [39–54]).

10. Jesus als Wallfahrer

In den synoptischen Evangelienschriften ist von den Wallfahrtsfesten speziell das Pesachfest relevant:[76] Jesus geht nach Jerusalem hinauf, zieht in die Stadt ein und lehrt im Tempel. Anlässlich des Pesachfestes hält er mit seinen Jüngern Mahl, das die Hohenpriester als Anlass nutzen, ihn gefangen zu nehmen, wobei sie darauf bedacht sind, einen Volksaufstand zu vermeiden (vgl. Mk 14,1f parr.).

Dem Evangelisten Lukas scheint die Wallfahrt besonders wichtig zu sein. Gleich zu Beginn seines Werkes unternehmen die Eltern Jesu eine Reise nach Jerusalem, um ihr Kind Jesus Gott zu weihen (Lk 2,22f), und werden dadurch als Thora-observante Juden charakterisiert.[77] Im selben Kapitel findet sich die Episode, dass Jesus bei der Rückkehr der Pilger im Tempel zurückbleibt (Lk 2,41–44): Die Gruppe der Wallfahrer, zu der Verwandte und Bekannte zählen, ist offensichtlich so groß, dass das Fehlen des Kindes unbemerkt bleiben konnte. Weiter berichtet Lukas in der Apostelgeschichte, dass sich am Pfingsttag Menschen aus weiten Teilen der Welt in Jerusalem einfinden (vgl. Apg 2).[78]

---

[75] Übersetzung: Flavius Josephus, De bello judaico – Der jüdische Krieg. Griechisch und Deutsch, 3 Bde., bearb. v. O. MICHEL/O. BAUERNFEIND, Darmstadt 1982. Vgl. auch Lk 13,1, wo von einigen Galiläern die Rede ist, »deren Blut Pilatus mit ihren Schlachtopfern vermischt hatte«.

[76] Vgl. insgesamt I. MÜLLNER/P. DSCHULNIGG, Jüdische und christliche Feste. Perspektiven des Alten und Neuen Testaments, NEB.Themen 9, Würzburg 2002.

[77] Vgl. W. ECKEY, Das Lukasevangelium. Unter Berücksichtigung seiner Parallelen, Teilband I: 1,1–10,42, Neukirchen-Vluyn 2004, 158; H. KLEIN, Das Lukasevangelium übersetzt und erklärt, KEK I/3, Göttingen [10]2006, 146.

[78] Im eigentlichen Sinne handelt es sich nicht um eine Beschreibung von Wallfahrtsteilnehmern, sondern von Bewohnern Jerusalems, die aus der Diaspora gekommen sind (vgl. Apg 2,5). Dennoch wird der Text immer wieder als Beleg dafür

Das Johannesevangelium setzt sich mit der identitätsstiftenden Funktion von Tempel und Wallfahrtsfesten auseinander und entwickelt daran seine spezifische Christologie. Jesus wird zunächst als Pilger gezeichnet, der zu den einzelnen Festen nach Jerusalem reist: Joh 2,13 – Pesach; 5,1 – ein Fest (Wochenfest); 7,2.14.37 – Laubhüttenfest; 10,22 – Tempelweihfest (Chanukka); 11,55 – Pesach.[79] So tritt Jesus im Verlauf eines Jahres in Jerusalem auf, wobei das Pesach-Fest als Inklusion die weiteren Feste im Jahreskreis umschließt.[80] Jesus reiht sich somit nach dem Johannesevangelium in den Strom der Jerusalem-Pilger ein: »Und viele zogen hinauf nach Jerusalem vom Land vor dem Pascha, um sich zu reinigen/heiligen« (11,55). Dass Jesus selbst an den vorbereitenden Reinigungsritualen teilgenommen hätte, wird nicht explizit erwähnt, kann aber vermutet werden.[81]

Über Jesu Teilnahme an Tempelliturgien erfahren wir nichts. Das Johannesevangelium berichtet lediglich gleich zu Beginn von der Tempelreinigung, bei der die Händler samt ihren Tieren ausgetrieben werden (Joh 2), wodurch dem Opferkult die Grundlage entzogen ist.[82] Der Ablauf der Tempelgottesdienste und die weiteren Festbräuche bleiben ebenso im Dunkeln wie theologischen Deutungen der Feste. Jedoch wird ein entsprechendes Wissen bei den Lesern vorausgesetzt: »So werden Mose und die Tora am (Schavuot)-›Fest‹ in Joh 5 thematisiert, die Wasserspende und die nächtliche Beleuchtung des Tempels an Sukkot in Joh 7, eventuell die Hirtenthematik an Chanukka in Joh 10 und

---

herangezogen, dass aus der gesamten jüdischen Diaspora Wallfahrten nach Jerusalem unternommen wurden (vgl. nur S. SAFRAI, Wallfahrt, 21 u.ö.). W. ECKEY, Die Apostelgeschichte. Der Weg des Evangeliums von Jerusalem nach Rom, Teilband I: Apg 1,1–15,35, Neukirchen-Vluyn 2000, 73f, weist auf die landsmannschaftlich organisierten Synagogengemeinschaften hin, bezieht die Liste aber zugleich auf Diasporajuden, die als Festpilger in die Stadt kommen.

[79] Vgl. M. THEOBALD, Das Evangelium nach Johannes. Übersetzt und erklärt, Kapitel 1–12, RNT, Regensburg 2009, 20; M.J.J. MENKEN, Die jüdischen Feste im Johannesevangelium, in: M. Labahn u.a. (Hg.), Israel und seine Heilstraditionen im Johannesevangelium, FS J. Beutler, Paderborn u.a. 2004, 269–286, 272f. Der in Joh 12,12–15 geschilderte Einzug in Jerusalem trägt, obwohl zuvor von Pesach die Rede ist, Züge des Laubhüttenfestes, vgl. J.L. RUBENSTEIN, Sukkot, 86f.

[80] In Joh 6,4 wird eine weitere Pesach-Feier erwähnt, was jedoch den Gesamtaufbau stört und daher als sekundär zu betrachten ist, zumal dies die einzige Stelle ist, wo die Zeitangabe eines Festes keine Wallfahrt Jesu nach Jerusalem motiviert, vgl. M. THEOBALD, RNT, 430; dagegen M.J.J. MENKEN, Feste, 272.276–278.

[81] Vgl. S. HABER, Going Up, 205f; ein Abweichen von der üblichen Praxis wäre sicher vermerkt worden; vgl. aber B. ZISSU/D. AMIT, Miqwa'ot, 59 (Frage des Hohenpriesters).

[82] Vgl. M. THEOBALD/H.-U. WEIDEMANN, Heilige Orte – heilige Zeiten. Die christologische Antwort des Johannesevangeliums, BiKi 59, 2004, 125–130, 126f.

schließlich das Paschamahl in Joh 18,28.«[83] Gemäß dem Johannesevangelium stirb Jesus zu dem Zeitpunkt, als im Tempel die Pesachlämmer geschlachtet werden:[84] Jesus Christus ist somit das wahre Pesachlamm,[85] ebenso der wahre Quell des lebensspendenden Wassers[86] und das wahre Licht der Welt[87]. In dieser christologischen Umdeutung »werden die Feste ihrer Inhalte (wie der Feier des Gedächtnisses der Großtaten Gottes in Israel) entkleidet und der Tempel bezüglich seiner Zentralfunktion, nämlich im Opfer- und Sühnekult der heilsamen Begegnung mit Gott zu dienen, regelrecht entkernt.«[88] Heil gibt es – nach dem Johannesevangelium – in Jesus Christus, nicht im jüdischen Tempel mit seinen Festen – »die ›christliche‹ Identität hat mit diesen jüdischen Festen nichts zu tun.«[89]

Der Wallfahrt nach Jerusalem wurde durch die Zerstörung des Tempels im Jahr 70 n.Chr. die Grundlage entzogen. Die Trümmer des Tempels lockten zwar weiterhin Besucher an, die Tempelfeste mussten aber von Juden und Christen in unterschiedlicher Weise transformiert werden, um noch gefeiert werden zu können. Die Gräber allerdings wurden weiterhin von Juden aufgesucht, die dort auch Feste veranstalteten; diese Praxis prägte das entstehende christliche Wallfahrtswesen.[90]

---

[83] M. THEOBALD/H.-U. WEIDEMANN, Heilige Orte, 128; vgl. ausführlicher M.J.J. MENKEN, Feste, 274–285.
[84] Vgl. H.-U. WEIDEMANN, Der Tod Jesu im Johannesevangelium. Die erste Abschiedsrede als Schlüsseltext für den Passions- und Osterbericht, BZNW 122, Berlin 2004, 416f.
[85] Vgl. Joh 19,36 und schon zu Beginn des Evangeliums 1,29.
[86] Vgl. Joh 7,37f.
[87] Vgl. Joh 8,12.
[88] M. THEOBALD/H.-U. WEIDEMANN, Heilige Orte, 128.
[89] M. THEOBALD, JohEv, 21. S. FREYNE, Jesus, der Pilger, Conc(D) 32, 1996, 315–321, spricht von einer »Theologie des Gegensatzes, in der die Bilder von Tempel und Pilgerfahrt eine polemische Rolle im Blick auf die rivalisierenden Ansprüche von Kirche und Synagoge spielten« (319).
[90] Vgl. J. WILKINSON, Jewish Holy Places, 52.

Register

1. Stellenregister (in Auswahl)

Altes Testament

Exodus		1. Königebuch	
23,14–17	101f	17,6	31

Frühjüdisches Schrifttum

Josephus
Bellum Judaicum
2,10f   118f

Qumranschrifttum
1QM
10,10f   77
12,3–5   77

Philo von Alexandrien
De Specialibus Legibus
1,69   107

Testamente der 12 Patriarchen
Testament Levi
18,10–14   76f

Theodotos-Inschrift
         112f

Neues Testament

Lukasevangelium
17,20f   86

Johannesevangelium
11,55   120

Erster Korintherbrief

3,16f	83ff
14,23–25	93
16,1	75

Galaterbrief

2,9	79f

Epheserbrief

2,19–22	43

Alte Kirche

Brevarius de Hierosolyma

58

Clemens von Alexandria
Stromateis

5,II,5	43

Eusebius von Cäsarea
Onomastikon

57f

Vita Constantin

2,56	40f
3,30	43
3,33	43f
4,24	41

Egeria, Peregrinatio

4,2	20

10,4–6	27
11,1	28
11,2	28
12,2	29
19,2	26
23,9f	22
48,1–49,1	71

Mosaikkarte von Madaba

58ff

Petrus Diaconus, De locis sanctis

33ff

Pilger von Bordeaux

15ff, 60ff, 68

Pilger von Piacenza

30, 117

2. Personen- und Sachregister (in Auswahl)

Basilika 17, 44
H. Brandt 42
S. de Blaauw 44

Carneas/Karnaïn 32f
Chanukka 111
Constantin 13ff, 37ff, 97
–, Religionspolitik 39ff

Dura-Europos, Hauskirche 94ff

Egeria 17ff, 25ff, 64ff
M. van Esbroek 26
Eusebius von Cäsarea 15

Galerius (Kaiser) 37f

G. Fr. Gamurrini 25

Helena 14

E. Hermann-Otto 38
Herodes der Große 114ff
Hisbăn 28

Itinerar 15, 53, 55f, 62

Jakobus, Bruder Jesu 80f
Jerusalem 88ff, 98
–, Tempel 88ff
Johannes, Sohn des Zebedäus 80f
Joschija, Kultreform 102

Kaiserkult 38f
Kapernaum 34
Korazim 34

Laubhüttenfest 110f

Melchisedek 30f

Nebo, Berg	27ff
Paula	67ff
Pa Romana	104
Pesach + Mazzothfest	107f
Pontifex maximus	41
Reinheitsthora	113f
Salem	30
Schavu'ot/Wochenfest	108f
Seeschifffahrt	49ff
Simon Petrus	80f
Strassen, römische	51ff
Tabula Peutingeriana	55ff, 62ff
Thesbe	31
E. Weigand	26
J. Ziegler	26

Abbildungsnachweis

Abbildung 1:
U. Fellmeth: Constantinische Kirchenstiftungen nach Diözesen geordnet.

Abbildung 2 bis 9:
U. Fellmeth aus: K. MILLER, Weltkarte des Castorius genannt ‚Die Peutinger'sche Tafel', Ravensburg 1888.

Abbildung 10:
U. Fellmeth: Eine Karte, die die archäologisch erschlossenen Verkehrsverbindungen im ›Heiligen Land‹ in der Spätantike darstellt; eingetragen sind die Pilgerreisen des *Pilgers von Bordeaux*, der *Egeria* und der *Paula*.

Abbildung 11:
Grundriss der Hauskirche von Dura-Europos ca. 240–256 n.Chr., bearb. von U. Mell nach: C.H. KRAELING, The Christian Building, with a contribution by C.Br. Welles, The Excavations at Dura-Europos conducted by Yale University and the French Academy of Inscriptions and Letters, Final Report Vol. VIII/II, New Haven/New York 1967, 4.

Tabelle 1
U. Fellmeth: Die Angaben des Pilgers von Bordeaux zu den zurückgelegten Entfernungen auf seiner Pilgerreise (Reisezeit 10 Monate = 300 Tage)

Tabelle 2
U. Fellmeth: Schreibung von Ortsnamen in den Reichsitinerarien und in den Berichten des *Pilgers von Bordeaux* und der Dame *Egeria*

Autorenverzeichnis

Dr. HANSWULF BLOEDHORN

geb. 1950, Klassischer Archäologe mit Schwerpunkt Orient. Mitarbeiter und Redakteur des Troia-Projekts am Tübinger Institut für Ur- und Frühgeschichte.

Veröffentlichungen: Die Jüdische Diaspora bis zum 7. Jahrhundert, TAVO Karte B VI 18, Wiesbaden 1992; Die Kapitelle der Synagoge von Kapernaum, ADPV 11, Wiesbaden 1993; (zusammen mit Kl. Bieberstein) Jerusalem. TAVO Beiheft B 100/1–3, Wiesbaden 1994; (zusammen mit G. Hüttenmeister) The Synagogue, in: CHJud III., Cambridge 1999, 267–297.1109–1114; zusammen mit D. Noy (Hg.), Inscriptiones Judaicae Orientis I., TSAJ 101, Tübingen 2004; Inscriptiones Judaicae Orientis III., TSAJ 102; Tübingen 2004; Dazu verschieden Aufsätze zu archäologischen archäologiegeschichtlichen Themen.

Dr. OLIVER DYMA

geb. 1972, Wissenschaftlicher Angestellter am Lehrstuhl für Altes Testament, Katholisch-Theologische Fakultät der Universität Tübingen. Forschungsschwerpunkte: Religionsgeschichte; Theologie und Anthropologie des Kultes; Zwölfprophetenbuch.

Veröffentlichungen: Die Wallfahrt zum Zweiten Tempel, FAT II/40, Tübingen 2009. Mit Andreas Michel Herausgeber von Sprachliche Tiefe – Theologische Weite, BThSt 91, Neukirchen-Vluyn 2008.

Professor Dr. ULRICH FELLMETH

geb. 1954, Leiter des Archivs und des hochschulgeschichtlichen Museums an der Universität Hohenheim und zugleich Honorarprofessor für antike Wirtschafts- und Sozialgeschichte an der Universität Stuttgart. Forschungsschwerpunkte: Agrar-, Wirtschafts- und Handelsgeschichte der Antike, insbesondere das ökonomische Denken in der Antike, die historisch-geografischen Aspekte der antiken Handels- und Wirtschaftsgeschichte sowie die Ernährungswirtschaft der Antike.

Veröffentlichungen: Brot und Politik. Ernährung, Tafelluxus und Hunger im antiken Rom, Stuttgart/Weimar 2001; Pecunia non olet. Die Wirtschaft der antiken Welt. Darmstadt 2008; zusammen mit U. Mell, Frühchristliche Pilgerwege ins »Heilige Land«, Hohenheim 2009; zusammen mit E. Olshausen (Hg.), »Die antike Welt auf elf Blättern«. Die Tabula Peutingeriana, Stuttgart 2010. Dazu verschiedene Aufsätze und Lexikonartikel zur antiken römischen Agrar-, Wirtschafts-, und Handelsgeschichte und -geografie, insbesondere zu Hungernöten und Versorgung, Ernährung, Anbaugebieten, Handelswegen und agrarischen Standortfaktoren.

Dr. MARION GIEBEL

geb. 1939, Fachgebiet Klassische Philologie, freie Autorin für antike Literatur und Geschichte, dazu Vortragstätigkeit (Volkshochschule, Kulturkreise), Rundfunkbeiträge.

Veröffentlichungen: Textausgaben griechischer und lateinischer Autoren, meist zweisprachig, wie Cicero, Livius, Velleius Paterculus, Plinius d. Ä., Plinius d. J., Seneca, Sueton, Plutarch, Musaios. Biografien über Cicero, Vergil, Augustus, Ovid , Seneca, Sappho, Julian Apostata. Sachbücher zu kulturellen Themen: »Das Geheimnis der Mysterien. Antike Kulte in Griechenland, Rom und Ägypten«, »Das Orakel von Delphi«, »Träume in der Antike«, »Reisen in der Antike«, »Tiere in der Antike«, »Dichter Kaiser Philosophen. Ein literarischer Führer durch das antike Italien«. Dazu Aufsätze und Lexikonartikel zu verschiedenen Themen aus der Antike.

Universitätsprofessor Dr. ULRICH MELL

geb. 1956, Fachgebiet Evangelische Theologie, Institut für Wirtschaftspädagogik, Wirtschafts- und Sozialwissenschaftliche Fakultät der Universität Hohenheim. Forschungsschwerpunkte: Theologie und Literaturgeschichte des frühen Christentums, insbesondere die Schriften des Paulus und das Markusevangelium; Geschichte und Theologiegeschichte des antiken Judentums; Gleichnisse des historischen Jesus; Theologie und Kultur der frühen Christenheit in Syrien.

Veröffentlichungen: Neue Schöpfung, BZNW 56, Berlin/New York 1989; Die »anderen« Winzer, WUNT 77, Tübingen 1994; Die Zeit der Gottesherrschaft, BWANT 144, Stuttgart/Berlin/Köln 1998; Biblische Anschläge, ABG 30, Leipzig 2009; zusammen mit Ulrich Fellmeth, Frühchristliche Pilgerwege ins »Heilige Land«, Stuttgart 2009; Christliche Hauskirche und Neues Testament, NTOA 77, Göttingen 2010; Herausgeber verschiedener Aufsatzsammlungen, darunter: Die Gleichnisreden Jesu 1899–1999, BZNW 103, Berlin/New York 1999; Pflanzen und Pflanzensprache der Bibel, Frankfurt a./M. u.a. 2006. Dazu Aufsätze und Lexikonartikel zu verschiedenen biblischen, sozialgeschichtlichen und judaistischen Themen.